Esther Kinsky

BANATSKO

Roman

Matthes & Seitz Berlin

*Wir alle kommen von irgendwoher und wir alle gehen
weiter irgendwohin, weil wir Menschen sind.*
László Darvasi, ›Die Legende von den Tränengauklern‹

BATTONYA

Es war Sommer, als ich nach Battonya kam. Die Eisen-
bahnstrecke war zu Ende. Die Gleise versickerten ein paar
hundert Meter weiter in Gestrüpp und Schotterhaufen. Der
Bahnhof war klein und alt, der gelbe Putz blätterte ab. Die
Bahnsteigveranda trug ein holzgeschnitztes Giebeldach,
blaugrün und verwittert. Im Giebel stand ›Battonya‹. Drähte
hingen aus den Metallbuchstaben, als wäre der Name früher
in der Dunkelheit erleuchtet gewesen.

Auf der Veranda saßen zwei Männer in hellblauen Hemden. Bitte Ihre Papiere, sagten sie. Sie betrachteten meinen
Ausweis und zeigten auf die Straße, die in den Ort führte.
Dann drehten sie den Oberkörper und machten in schönem
Einvernehmen eine träge Gebärde mit dem Arm. Dort, sagten sie wie aus einem Mund, dort ist die Grenze und dahinter schon das andere Land. Ihre Hände wiesen dabei ungefähr auf ein Feld, auf dem Klatschmohn blühte.

Der Fahrplan im Warteraum war sorgfältig handge-
schrieben und zeigte sechs Züge an, die ankamen und
abfuhren. An dem kleinen Schalterfenster saß eine Frau
mit übereinandergelegten Händen. Sie nickte freundlich,
schaute in den Warteraum, in dem eine zerkratzte Holz-
bank stand. Wahrscheinlich konnte sie von ihrem Schal-
ter aus auch durch das Fenster des Warteraums auf die
Veranda blicken und zwischen den Pfosten der Veranda
hindurch auf ein Stück der Gleise, das Ende des Zuges und

das dahinterliegende Gestrüpp. Ein Streifen Sonne lag auf ihren Fingerknöcheln.

Am Fenster summten Fliegen. Hinter der Kassenkammer stand eine Glastür offen. An einem Kleiderständer hing eine Jacke. Die Fliegen zogen ihre Kreise um eine dreiarmige Lampe an der Decke. Ein Radio murmelte und aus der Ferne, wie aus der Tiefe weiterer Räume, hörte man eine Frau auflachen.

Vor dem Bahnhof blühten magere Blumen in einem kleinen Vorgarten, zwei kleine Kinder in Unterhosen winkten hinter dem Zaun. Auf dem verwitterten Schild neben dem Bahnhofseingang stand ›Bahnhof‹ auf Ungarisch, Serbisch und Rumänisch.

Ich trug schwer an meinem Koffer unter dem Gebell der Hunde, die hinter den hohen Hoftoren anschlugen. Katzen hockten rundbucklig im Gras am Straßenrand. Vor einer geöffneten Kneipentür war ein Rollstuhl umgekippt, in der Kneipe saßen Männer still an hellen Tischen und starrten mit starr hochgerecktem Kopf aus der Tür oder dem Fenster. Die Frau an der Theke fuhr mit der Hand auf und ab über den Bauch einer Getränkemaschine.

Alle Straßen verliefen schnurgerade, und am Ende jeder Straße lag der Horizont. Fahrräder, Fuhrwerke, Autos kreuzten das Blickfeld, tauchten auf, verschwanden, langsame, bewegliche Figuren auf einem großen Panorama. Ich sah mich selbst mit meinem Koffer gehen, das Blickfeld eines anderen kreuzend, eines Mannes, einer Frau, eines Kindes, die unter der an die Stirn gelegten Hand Ausschau hielten, werweißwonach, die gingen, fuhren, standen, verharrten, die sich anschickten fortzugehen oder einen Heimkehrer erwarteten. Hier, wo alle Straßen in die Ferne führten, schien das Gehen, Sehen, Kreuzen des Blicks eine unaufhörliche große Bewegung, ein Schaukasten des leisen Welttheaters, ein Aufziehspiel, das nie zu Ende ging.

Dünner Staub bedeckte alles, bei jedem Schritt wirbelte eine kleine Wolke empor, ein Wind kam auf, kleine Trichter bildeten sich, schwebten dicht über dem Boden. Sand kreiselte um ein vorzeitig abgefallenes trockenes Blatt, ein Zigarettenstummel gesellte sich in den Strudel, ein Schokoladenzellophan, ein Lospapier. Wenn der Wind sich legte, sackten die Wirbel in sich zusammen.

Am Abend wurde die Luft klebrig vom Geruch der Lindenblüten. Paare glitten durch den lauen Dämmer, Männer führten auf dem Fahrrad ihre Liebsten aus, die auf der Querstange saßen. Die Frauen hatten eine anmutige, reglose Haltung eingenommen, die Beine artig aneinandergelegt und ausgestreckt, die Hände um kleine Handtaschen gefaltet. Die Taschen hielten sie an den Bauch gepresst. Aus Kneipen fiel Licht auf den Schotter oder das Stück Straße davor, die Gäste schauten, lachten, schwiegen, halb drinnen, halb draußen, hier und da spielte Musik. Vor einem geschlossenen Zeitungskiosk an einer großen leeren Kreuzung lehnten sich junge Männer an ihre Autos und zerhackten die Klänge aus den Autoradios mit ihren Rufen. Jemand fuhr davon, ein anderer kam an, der Davonfahrer kehrte in einer Schleife zurück.

Der Sonnenuntergang hatte einen schmutzigen Streifen am Horizont hinterlassen. Ich fand ein Quartier kurz bevor ein Gewitter aufzog. Es donnerte lange von ferne, der Wind blähte sich auf und erschlaffte dann wieder. Die Nacht war voller Geräusche, die nirgendwo ganz hingehörten, nicht zu Luft, nicht zu Wasser, nicht zu Erde. Dann schlug ein Blitz mitten in die schwere Nacht, es begann zu regnen, und der Regen hing wie Tücher vor dem Fenster, die Tücher wurden hin und her gezogen, ein Vorhang ohne Bühne, ohne Publikum, ohne Drinnen, ohne Draußen, und alles sog Nässe in sich auf. Hinter dem Haus floss der Fluss.

DER AUFENTHALT

Vor langer Zeit einmal fuhr ich durch gebirgiges Land. Es war Sommer, die Tage waren sehr heiß, der Himmel blau, manchmal hitzeweiß, am Abend vielfarbig über einem Gebirge. Fliegen summten im Abteil, die Reisenden dösten. An jeder kleinen Station hielt der Zug, immer mehr Leute stiegen ein. Frauen mit Körben, Männer mit Taschen, Familien mit Koffern, alte Ehepaare mit Vogelkäfigen. Bahnhofsvorsteher hoben und senkten die Arme und stießen in ihre Pfeifen. Angekommene lagen in den Armen derer, die sie erwartet hatten, oder hievten einsam großes Gepäck über die sommermüde Erde an den kleinen Bahnhöfen vorbei. Zurückbleibende winkten oder starrten suchend in die Fenster des zögernd anfahrenden Zugs.

Ich teilte ein Abteil mit zwei jungen Männern, die am Fenster saßen und unter stetem leisem Gespräch ein Picknick verzehrten, einer alten Frau in einem schwarzen Kleid und dicken schwarzen Wollstrümpfen, einem Geschäftsreisenden mit einem flachen Koffer und einer Goldkette um den Hals, einer fleckhäutigen Frau, die in einem zerfledderten Buch las, einem dunkelhaarigen Herrn mit vielen Goldzähnen, die er beim Gähnen blitzen ließ, und einem Mann in heller Ausflugskleidung. Am Fenster des Abteils klebte eine Fotografie, über die schon oft gewischt, gerieben und gekratzt worden war, zwar ließen sich noch die ungefähren Züge eines Gesichts erkennen, doch nicht mehr, ob es sich um das Bild einer Frau oder eines Mannes handelte. Es war so dünn geworden, dass die Schatten der vorbeiziehenden Bäume und Telegrafenmasten hindurchschienen.

Es wurde Abend. Auf dem Zugkorridor schlichen, hinkten und krochen Bettler mit körperlichen Gebrechen, sie schoben die Abteiltüren auf, streckten ihre Hände herein, die schmutzigen Handflächen warteten auf eine Gabe. Die jungen Männer am Fenster reichten jedem eine kleine Münze. Die meisten Bettler musterten die Geldstücke mit ungerührten Blicken, manche murmelten ein Wort, andere spuckten auf das Geld und rieben es an Hemd oder Hose. Eingefahrene Gesten wie die des Schaffners unter seiner steifen und zu großen Mütze.

Es wurde dunkel, die Lichter im Zug gingen an, und wir sahen die Spiegelbilder unserer Gesichter im schmutzigen Abteilfenster, weiße Flecken, in die hier und da das Viereck des verwischten Fotos ragte. Der Zug hielt mitten in tiefer Finsternis. Man hörte die Geräusche des Waldes. Ein Unfall!, hieß es draußen im Korridor. Eisenbahner mit grellen weißen Lampen gingen neben dem Zug auf und ab, ihre Schritte knirschten auf dem Schotter. Sie herrschten die neugierigen Reisenden an, die den Kopf aus dem Fenster streckten oder Anstalten machten auszusteigen. Unruhe machte sich breit, man wechselte Worte, mutmaßte. Die beiden jungen Männer am Fenster wurden erst ungeduldig, dann fingen sie an, Geschichten zu erzählen, um die Zeit zu vertreiben. Ihre Geschichten waren sehr kurz, und nach einiger Zeit sagten sie ins Abteil: Erzählt ihr doch auch etwas.

Die alte Frau mit den dicken schwarzen Wollstrümpfen nickte mit dem Kopf. Ich habe einen Verwandten begraben, erzählte sie.

Der Geschäftsreisende stellte sich schlafend, dabei hielt er die Hände er so fest um den Koffer geklammert, dass die Knöchel weiß hervortraten.

Ich komme aus einem sehr flachen Land, sagte der Mann in Ausflugskleidung, davon kann ich hier in den Bergen etwas erzählen.

Mein Land hat weder Berge noch Meer, begann er, es breitet sich flach wie ein ausgelaufener Ozean von einem Horizont zum anderen. Im Sommer blickt man unter schräg an die Stirn gelegter Hand in die Ferne, auf den Lidern liegt das Licht und verklebt die Wimpern, der Blick schwimmt über schwarz gewordene Sonnenblumenfelder, Felder und Wiesen mit flachem, hartem, sirrendem Gras. Vögel schwirren mit kurzen Flügelschlägen, sie schimmern weißlich im Licht, dann drehen sie sich hoch oben und sind schwarz. Ihre hellen Laute erfüllen die Luft mit Wolken leiser Pfeiftöne. Hunde schleichen im Schatten der Häuser entlang. Die Katzen schlafen im Verborgenen. Man schaut und schaut und stellt sich vor, was der Horizont zu bieten haben könnte: die graublauen, an den Rändern verschwimmenden Umrisse großer Städte. Sanfte Landschaften der Vielfalt, wo man anderen Beschäftigungen nachgeht als dem Schauen. Oder Häfen, die sich zu einem bewegten Meer öffnen, mit kleinen, bunten Booten, von Bewohnern der Hafengegenden gesteuert, weißen, reglos vor Anker liegenden Schiffen, riesig wie Fabriken, mit Reihen fast in die Wolken ragender Kräne, Wänden und Türmen ausgebleichter und rostig verwitterter Kästen mit Waren, Gut und Besitz, von denen niemand mehr weiß, was angekommen ist und was noch auf Verschiffung wartet. Möwen sind dort, und erst wenn man sich die Möwen vorstellt mit ihren von Gier und Unruhe geplagten schreienden Kehlen, entdeckt man die Stille des flachen Landes, wo die Langsamkeit gedeiht.

Im Winter gibt es wenig anderes zu tun als zu schauen. Man steht am Fenster, manche hüllen sich in ihre Mäntel und treten vor die Tür, doch die schweren Mützen behindern den Blick. Alle Vögel sind jetzt schwarz und fliegen schräg und lautlos durch das Blickfeld. Hunde bellen aus ihren winterlichen Verschlägen, die Katzen schlafen auf den Fensterbänken. Die Sonnenblumen sind verschwunden. Mit bloßem Auge will man die Bilder aus der schmalen Linie des Horizonts locken, aber nichts tut sich auf. Trotzdem bleibt man stehen, sieht die kurzen Helligkeiten kommen und schwinden, fügt sich in die Nacht und liegt mit offenen Augen in der kalten Dunkelheit.

Mit der Zeit gewöhnen sich die Augen an die Leere des Winterlands und eines Morgens erkennt man, dass in der von schütterem Schnee oder dünnem Raureif überzogenen Landschaft alles – jeder Zaunpfahl und Grashalm, jede Unebenheit des brachliegenden Bodens – seinen Platz hat.

Über den letzten Worten hatte sich der Zug in Bewegung gesetzt. Unvermittelt schwieg der Ausflügler, wie betreten über seine Rede. Die Frau in Schwarz schnarchte leise. Die beiden Reisenden am Fenster schienen in ihr Spiegelbild vor dem dunklen Draußen vertieft. Unter lauten Rufen sprangen die Lampenträger vom Bahnkörper auf den anfahrenden Zug.

STADT

Ich kam aus der Stadt und suchte das Weite. Überall ächzte, stöhnte, schrie und lachte es, in den schmalen Gassen prallte jedes Geräusch an den porösen Häuserwänden ab, riss kleine Stücke Mauerwerk mit sich, die im Fall zu dunklem Staub zerrieselten. Jedes Wort, jede Bewegung stieß an Grenzen. Nachts hörte man das Auf und Zu der Deckel der Abfallkübel, das Scharren und Poltern suchender Hände, gelegentlich erzitterten die Wände vom Aufprall der Schritte Fliehender. In der Stadt glänzte der Asphalt unter schlierigen Lichtern, roch es nach Unglücksfällen, brach Hunger auf. Jeder zur Schau gestellte Gegenstand mahnte an die Möglichkeit seiner Abwesenheit, jedes Vorhandensein warf den Schatten seines Fehlens, bis die Schatten die Dinge eingeholt haben würden.

Der Staub der sich unter dem unablässigen Geräuschanprall zersetzenden Häuser ließ sich in allen Poren nieder, er überzog die Speisen, rieb die Lider beim Schlafen wund und knirschte zwischen den Seiten der Bücher, trocknete das Papier aus, das brüchig und spröde wurde. Ich zog ein Buch hervor, ein kleines Heft fiel mir entgegen, zerstob im Fall zu dünnen gilbigen Blättern, die sich über den Boden verstreuten. Es war ein kleines Heftbuch mit hellem Umschlag, vertraut aus der Schulzeit.

›Von der Verwilderung des Herzens‹ stand darauf.

Ich hob ein Blatt vom Boden auf. Die Seitenränder hat-

15

ten sich bis fast an den Rand der gedruckten Buchstaben verzehrt, die dunkel auf gedunkeltem Papier saßen, die Seitenzahlen waren verschwunden.

Es ist gemeinhin bekannt, dass das Herz ein Muskel ist, ein Stück Fleisch und Blut, ohne dessen stete Bewegung wir verloren wären. An der Unstetheit unseres Lebens findet es seine Erprobung. Jeder dem Gefühl zugefügte Schmerz dringt in die zähen Fasern des Herzens, dehnt sie und reißt an ihnen, und jede solche Einübung des Herzens in die Widrigkeiten der Welt hinterlässt ihre Spur in Gestalt von Aufwerfungen, Verwulstungen und Verhärtungen. Die sanfte Wölbung des Herzmuskels verzieht und verfältelt sich, wird zu einer Landschaft der Klüfte und Steilheiten, der jähen Abgründe und wenigen verbliebenen sanften Hänge, zu einer großen, unvorhersehbaren und in einem jeden Menschen anders gearteten Unebenheit.

Wenn ich mich in der Dämmerung ans Fenster lehnte, sah ich ein Stück grauen Abendhimmel. Vielleicht stand irgendwo der Mond. Tauben hockten auf den Gesimsen der Häuser, und die Steinfiguren der Fassaden sahen sanft und müde aus, mit geschlossenen Augen trugen sie die schartigen Fensterbänke und die vom Lärm zermürbten Scheingiebel.

BATTONYA

Ich blieb in Battonya und zog in ein altes gelbes Haus. Es roch nach Holz und Wein und Asche. Morgens kam mein Nachbar und klopfte ans Fenster. Mein Nachbar war ein alter Serbe namens Todor. Er trug eine Kappe zum Schutz gegen die Sonne. An der rechten Hand fehlten ihm drei Finger. Er sprach langsam, seine Augen schweiften dabei immer in die Ferne. Jeden Morgen hatte er einen anderen Ratschlag. Wenn ich etwas sagte, schaute Todor einfach durch mich und meine Worte hindurch und schwieg.

In meinem Haus hatte Todors Tante gelebt. An den Wänden hingen Fotografien schöner Frauen und stattlicher Männer, deren Gesichter sich aus dem weichen Dunst der alten Bilder neigten. In einem Raum standen Holzwannen, in denen beim Schweinschlachten das Blut aufgefangen wurde, und in einem anderen Raum Aluminiumbecken, in denen man die Trauben für den Wein gestampft hatte. Die Tante hatte ein geblümtes Sofa hinterlassen und einen kleinen runden Tisch.

Die Fenster waren mit grobem Tuch verhängt, dahinter hatten sich über die Jahre Fliegenleichen angesammelt. Das grobe Tuch war morsch geworden und riss, wenn man es berührte.

Unsere Seite der Straße war ganz serbisch, sagte Todor immer wieder. Seine Stimme klang dann stolz. Er zeigte auf den Garten hinter meinem Haus.

Das war ein Weinfeld. Wir hatten viel Arbeit damit. Der Wein braucht den Menschen, sonst wird es kein Wein.

Beim Umgraben im Garten fand ich bunte Keramikscherben. Auf dem Speicher roch es süß nach Holz, das sich mit staubiger Hitze vollgesogen hatte. Zwischen den Balken lagen Geräte, für die sich kaum ein Zweck ausdenken ließ: Metallscharniere, Holzstangen mit kleinen Radscheiben an den Enden, Eisenkanister, Stangen mit Kurbeln, schartig und gefurcht von Handhabungen, die fremden Händen in jede Faser gewachsen waren. Im Schlaf, hatte mein Großvater gesagt, wenn er von Arbeiten sprach, die weit hinter ihm lagen, das hab ich im Schlaf gekonnt.

Nachts schien der Mond in mein Fenster, ich fand keinen Schlaf.

Ich ging zu einer Näherin und brachte ihr Stoff für Vorhänge. Die Näherin hieß Rozalia, sie lebte in einem kleinen Haus am Rande des Ortes. Im Fenster lag eine Flasche mit einem Segelschiff, angeschwemmt werweißwoher in diese Ebene, wo vom Meer nur in Geschichten die Rede ist. Es war Sommer, sie hatte wenig Zeit, jetzt arbeitete sie auf den Feldern. In zwei Wochen, zeigte sie mit der Hand. In zwei Wochen solle ich wiederkommen.

Im Frühling und Sommer warteten die Tagelöhner im Morgendämmer an den Straßenecken auf die Busse, die sie auf die Felder brachten. Männer und Frauen mit morgengrauen Gesichtern rauchten, hielten sich an ihren Klapphockern, Hacken, Jausenbeuteln fest, während es zwischen Erde und Himmel hell wurde. Die Kneipen waren schon geöffnet. Männer saßen an den langen Tischen neben der Durchfahrtsstraße und tranken Bier. Die hellblauen Busse waren so staubbedeckt, dass die Fenster blind waren. Alle paar Kilometer setzten sie eine Gruppe ab. Melonenfelder, Maisfelder, Sonnenblumen, Getreide. In den Pausen hockten die Arbeiter am Straßenrand im Schatten, aßen, rauchten, tranken Bier. Die Melonen keimten unter weißen Tunneln, die sich bis fast an den Horizont zogen. Später verschwanden die Tunnel, und das Geschling von Pflanzenarmen schob sich jeden Tag ein Stück weiter. Die reifen Melonen wurden zu Bergen aufgetürmt. Nach der Ernte breitete sich Leere über die Felder.

STADT

Auf einem Platz in einer Stadt am Meer sah ich, wie eine Möwe auf eine Taube herabstieß, die in einem Stück Abfall pickte, und sie tötete. Im Verlauf des Kampfes warfen die Vögel mir Blicke zu. Beider Vögel Augen waren gleich dunkel.

Als die Taube tot war, flog die Möwe davon. Ein Passant schob die tote Taube mit dem polierten Schuh in den gemauerten Wassergraben, der den Platz durchschnitt.

Ich dachte an die Möwen, die ich in London jeden Tag gehört hatte. Sie kreisten zweimal täglich über meinem Haus und stießen ihre Meeresrufe aus, während die Tauben zu Tausenden in den Ziegelbögen unter den Eisenbahngleisen gurrten. Die Eisenbahn fuhr über den Taubenballungen hin und her, von meinem Fenster aus sah ich die Züge, nach Einbruch der Dunkelheit waren sie Lichterketten, die über den Himmel segelten.

Wenn ich durch die Stadt ging, hielt ich beim Durchqueren von Unterführungen die Luft an, während mein Körper den Vorhang aus Taubenfedern und zu Staub zerfahrenem und zerschrittenem Taubendreck durchteilte.

In Budapest lebten die Tauben auf den Gesimsen und Dachvorsprüngen, fern aller Möwen erschien ihr Leben beschaulich. Im gezeitensicheren Binnenland allerdings verdunkeln Krähenschwärme den stadtwärtigen Schneehimmel.

BATTONYA

Auf dem Feld neben meinem Garten wuchs der Mais in die Höhe. Das Feld gehörte einem kleinen Mann und seiner Schwester, beide hatten einen Buckel. Der des Mannes war groß, der der Frau klein, und wenn sie saß, war ihr Gesicht streng vor Bemühen, gerade zu sitzen wie in einer Schulbank. Sie war alt, doch ihre Schürzen hatten an den Schultern Rüschen wie die Schürzen von Schulkindern.

Morgens kamen die buckligen Geschwister und strichen durch das Feld. An den hohen Stängeln raschelten die Blätter. Der Mann und die Frau sprachen nie miteinander, höchstens flüsterten sie sich etwas zu, und das Flüstern ging im Rascheln auf. Alle paar Wochen mähte der Bucklige im Morgengrauen das Gras vor seinem Feld mit der Sense. Er schliff die Klinge mit dem Wetzstein und fuhr mit der Sense durch das Gras. Es war ein eintöniges Gespräch, das im Angesicht einer Unabänderlichkeit geführt wurde. Der scharfe Ton des Steins auf dem Metall, das Sirren der Klinge durch das Gras. Ohne Unterbrechung, bis das Stück gemäht war und das dunkle Sommergras in gleichmäßigen langen Wülsten auf dem Boden lag. Die Schwester des Buckligen stand dabei. Sie hatte die Hände in die Schürzentaschen gesteckt und schwieg. Wenn das Gras gemäht war, gingen sie zusammen in ihr Haus. Es war noch früh am Tag.

Mittwochs war kleiner Markt in Battonya und samstags großer Markt. Händler kamen in alten Autos über die Grenze, aus Rumänien. In der Puschkinstraße breiteten sie ihre Waren aus. Die Grenzer lungerten an den Ecken. Frauen in breiten weiten Röcken gingen auf und ab, Zigi, Zigi, murmelten sie den Käufern entgegen, unter den weiten Röcken hatten sie die Zigaretten versteckt. Ein alter Mann kam mit seiner Frau, die Wurzelgemüse und Eier auf einem Stück Zeitungspapier bot. Der Mann trug eine braune Kappe und eine alte Tweedjacke. Zigi, Zigi, flüsterte er scheu im Schatten seiner Gemüsefrau. Gelegentlich stießen die Grenzer zwischen die Käufer und Händler und verlangten Papiere.

Auf den Wachstuchdecken und Zeitungspapieren am Boden lagen Werkzeuge, Streichhölzer, Süßigkeiten, Unterhosen, Sägeblätter, Bohraufsätze. Eine Zigeunerfamilie kam samstags und bot große Teppiche an, auf denen sich blassfarbene Blumen und Tiere ineinander verschlangen. Die Familie stand hinter ihrem Teppichaufbau verborgen und palaverte.

Ich ging über den Markt, streifte an Körbe und stolperte in Auslagen. Jedermann sah, dass ich fremd war. Die buckligen Geschwister standen auf dem Gemüsemarkt am Fluss und verkauften Gemüse und Eier. Die Schwester stand hinter dem Bruder und drückte die Hände in die Schürzentaschen. Um ihre langen grauen Haare hatte sie ein geblümtes Tuch gebunden. Der Bruder stützte sich mit beiden Händen auf die Betonplatte mit den Waren und stieß den Kopf weit vor, als wollte er die Waren unter seinem Körper schützen oder die Käufer durch bloßes Hinausstarren über seinem Feilgebotenen zum Kaufen bewegen.

In der Luft schwirrten die rumänischen Worte und rieben sich an den ungarischen.

Abends spazierte ich zum Bahnhof. Hinter den gestutzten Weidenbäumen am Rand der Gleise ging die Sonne unter und tauchte die Bahnhofsveranda, die Grenzer mit ihren Fahrrädern und das Riedgras jenseits der Bahngleise in ein rötliches Licht, das sich bis in den Warteraum ergoss, alles glänzte: der Fahrplan, das Schalterfenster, die Klinke der Glastür zum Zimmer des Bahnhofsvorstehers, die dünnen Flügel der Fliegen.

Ich sah den Bahnhofsvorsteher auf der Couch hinter der Glastür liegen. Ein dicklicher Mann in dunkler Hose und Unterhemd. Fliegen zitterten schwarz auf seiner Haut und schwirrten davon, als er sich reckte. Wenn ein Zug ankam, stieg er auf sein Fahrrad und radelte zum Bahnübergang, kurbelte die Schranke herunter und wieder hinauf, wenn der Zug den Übergang passiert hatte. Den Zeitpunkt der Überfahrt trug er in ein Buch ein. Durch das Fenster des Bahnwärterhäuschens sah man das aufgeschlagene Buch mit den säuberlichen Eintragungen, eine alte Schreibtischlampe, einen Kleiderständer, einen Eisenofen für die bittersten Wintertage und einen Besen für Schnee und Laub. Über der Tür brannte eine Lampe und beleuchtete die Aufschrift ›Battonya‹.

Der Zug von Battonya kannte nur eine Strecke. Doch es war eine Reise zwischen den beiden Endstationen, sie führte durch Felder und an schütteren Hainen vorbei, zweimal hielt der Zug an kleinen Unterständen, wo gelegentlich Reisende ein- oder ausstiegen.

DAS FRÜHERE LAND

Ich lernte die Sprache langsam, doch hier sprach man nicht nur eine sondern etliche Sprachen. Man sprach mit den Augen, den Händen und dem Mund, und eine Geste, beispielsweise ein kurzes Zuschlagen des einen Augenlids, mochte in der einen Sprache etwas Bestimmtes und in einer anderen etwas ganz Ungefähres oder gar das Gegenteil des Bestimmten bedeuten.

In meinem früheren Land sprach man mit dem Mund und auf dem Rücken zusammengelegten Händen, während die Augen stets einem hübschen, gänzlich außerhalb des jeweiligen Gespräches liegenden Gegenstand zugewandt sein sollten. Hier war mir jede Sprache fremd, doch Hände und Augen gewöhnten sich schneller als der Mund, und ich sah mir zu, aus der Ferne, und dann war ich eine Sprechpuppe an einem Ort, wo die Sprechpuppen noch zu den Erfindungen aus einer Welt von Sage, Lüge oder waghalsiger Aufschneiderei gehören.

Manchmal dröhnten mir die kurzen Sprechpuppensätze im Schädel, und ich wollte vor irgendeine beliebige Gruppe von Menschen treten, vielleicht ein paar in ihren Schwatz vertiefte Frauen, eine Traube von Männern, die sich im Schatten einer Kneipe herumdrückten, Kinder, die an dem kleinen Fluss spielten, oder auch nur die eine Frau, die abends im warmen heftigen staubigen Wind in der Dunkelheit großer Pappeln auf einen Mann wartete, der jedoch verweilte in der

Kneipe mit der weit offenen Tür und dem hellen Viereck auf dem Weg davor, und dem polternden Stimmenschlag, der sich unterm Wind duckte – vor irgendeinen, irgendwelche wollte ich treten und sagen: Ich komme aus einem Land, hört zu, da riecht die Luft salzig, und das Meer ist nie weit, und jeden Morgen wachte ich dort vom Schreien der Möwen auf, die über dem Dach meines Hauses kreisten, sie zogen ein paar Kreise und riefen, schrien, heulten, und dann verschwanden sie wieder, und all das gegeneinander kreisende Knirschen und Schleifen und Scharren der Stadt schlug über den Dächern zusammen, die eben noch im hellen Licht der Meeresnähe und der Möwenrufe gelegen hatten.

Ich wollte gern eine solche unpassende kleine Rede halten, in der ich ihren an keinen Laut aus meinem Mund freundlich gewohnten Ohren Erzählungen über das Morgenlicht aufdrängte, das dort vor meinem Fenster gelegen hatte, weiß und grau, ein Licht, das weit über kleine Herzensdinge hinausreichte. Doch was wäre damit getan, was erwirkt, außer möglicherweise der allergeringfügigsten Herzenserleichterung meinerseits, denn meine Zuhörer hätten ja nichts verstanden als ein Malmen meines Mundes um unfassbare Laute, von denen sie noch nicht einmal behaupten könnten, dass sie an Worte erinnerten, und ich müsste ihnen demnach bei einem derartigen Vortrag vorkommen wie ein versprengtes Tier.

Womöglich hätten sie recht. Ich konnte noch gar nicht ermessen, was die Flucht von den schwindenden, bröckelnden Küsten aus mir gemacht hatte, dieser gewaltige Sprung, mit dem ich mich aus dem fahlen Gras über den Klippen gerissen, mich eigenhändig aus dem weißen Licht gehackt, aus den windbleichen krummen Straßen geschnitten hatte.

Ich wollte dem Schatten nachweinen, der in England geblieben sein musste, denn hier, im weißen Sommerlicht der Ebenen erkannte ich meinen Schatten nicht mehr, blau und scharf heftete er sich an meinen Schritt, keinen Spiegel brauchte ich in diesem Land, der Schatten allein legte mich bloß.

BATTONYA

Battonya hatte viele Kneipen. Die meisten trugen keinen richtigen Namen. Sie hießen ›Trinkgeschäft‹ oder ›Kneipe‹ oder auch ›Presszó‹, und waren meistens mit einer Musikbox oder einem Radio geschmückt. An manchen Abenden ging es in der einen oder anderen Kneipe laut zu, es wurde gesungen, getanzt und gebrüllt, Frauen und Männer lagen sich in der Armen, eine Welle Ausgelassenheit schwappte, Musik und Stimmengewirr tönten über den kleinen Fluss, die Gärten, die schnurgeraden Straßen hinauf und hinunter, bis zum Horizont.

Es gab Abende, an denen wusste ich nichts mit mir anzufangen. Alles ringsum erschien mir schwer, klebrig vor Erde und Feuchtigkeit, sogar die Luft. Ich streifte umher und schaute durch die erleuchteten Fenster in die Kneipen. In einer Kneipe saß ein Akkordeonspieler.

Eines Abends stand ein Mann hinter mir. Er war klein, seine Augen flackerten, und sein Mund war schief. Geh doch rein, sagte er zu mir auf Deutsch.

Der Mann hieß Zoran. Ich bin Serbe, sagte er.

Ich bestellte Wein. Die Leute in der Kneipe starrten und schwiegen. Der Akkordeonspieler saß in einer Ecke, das Kinn auf sein Instrument gelegt, als schliefe er, wie nur Akkordeonisten schlafen können, denn das Akkordeon ist die Stütze in diesem ganz besonderen Schlaf.

27

Zoran bot mir einen Platz an. Jetzt warf er englische Worte ein. Sein schiefer Mund zuckte dann und wann um die Ausdrücke, die linkisch zwischen seinen Sätzen klemmten. Zorans Zähne standen kreuz und quer. Zoran war einmal in New York gewesen, dort lebte ein Freund, der ihn einlud, mit ihm zu arbeiten.

Wir gehen zusammen von Haus zu Haus, den ganzen Tag, sagte Zoran, es hörte sich an, als sei ihm dieses von-Haus-zu-Haus-Gehen im fernen New York eine Gewohnheit, die nur kurzfristig und zufällig durch sein Leben als Serbe in Battonya unterbrochen worden sei.

Was macht dein Freund?, fragte ich ihn, und Zoran antwortete:

Lockshmit. Er ist AA Lockshmit.

In New York schneit es viel, sagte Zoran, es ist bitterkalt, wir arbeiten ohne Handschuhe, unsere Finger können an ein Eisenschloss frieren.

New York ist wie Battonya, sagte ich, alle Straßen sind gerade.

Aber sie haben nur Nummern, antwortete Zoran. Keine Namen.

Das Akkordeon spielte ein erstes Lied. Es war langsam und drehte sich im Kreis, als ich mich umschaute, saß der Musikant immer noch in sich zusammengesunken auf dem Stuhl, nur die Finger und Unterarme bewegten sich.

Sobald die Musik erklang, erhob sich ein Stimmengewirr im Kneipenraum. Auf die Musik hatten sie gewartet, ein Meer, auf dem ihre Worte segeln konnten.

Der Akkordeonspieler erwachte allmählich von seiner eigenen Musik. Sein Blick glitt durch den Raum, weit oben, in der Nähe der Decke, über den Köpfen der Gäste, während sein Lied lauter wurde, auch die Blicke der Gäste schweiften zwischen und über ihren Sätzen und Rufen umher, unruhiger, unbeholfener als die Musikantenblicke, die zu seiner Kunst gehörten, sie alle suchten nach der Leidenschaft, die indessen zusammengefaltet in einer ungeputzten Ecke lag und nicht erwachen wollte.

Auf dem Heimweg kam ich am Kino vorbei. Ein dunkles großes Gebäude hinter immergrünen Bäumen, die sogar nachts Schatten warfen. ›Mozi‹ stand in blassen Lettern einer alten Schrift auf der Fassade, hoch über dem leeren Schaukasten.

Ich sagte das Wort vor mich hin. Mozimozi. Ein fremdes Wort.

Aus der Kellerkneipe gegenüber kam Musik. Ein Betrunkener stand auf der obersten Treppenstufe und hielt sich an den bunten Plastikschnüren des Sommervorhangs fest.

Ihr seid ja alle Zigeuner rief er.

DER AKKORDEONSPIELER

Der Akkordeonspieler war ein einsamer Mensch. Sein Leben galt den langgezogenen Klängen seines Instruments und deren Zwischenräumen. In diesen Zwischenräumen hausten seine Träume. Wenn er spielte, wurden die Träume gepresst und gebeutelt, unablässig quetschte er sie zwischen den Klängen zu kaum noch erkennbaren dünnen Blättchen zusammen, denen man schwerlich ein Leben zutraute. Dabei starrte der Akkordeonspieler in den Wirtsraum, wo die Gäste saßen oder tanzten und die Augen ziellos wandern ließen, vorbei an den mit Nacht gefüllten Fenstern, und sein Gesicht blieb reglos, während er seine Träume so zurichtete, doch sie waren beständig und zäh. Am grauen Morgen hörte man zwischen den breiten faserigen Tönen aus den Falten des Instrumentes schon das Zwitschern der Träume, die Luft holten und sich zu neuem Leben anschickten. Dieses Zwitschern war Zeichen für die letzten Gäste, sich auf den Heimweg zu machen. Die Trunkenen erhoben sich von ihren Stühlen und die Tanzenden ließen voneinander ab. Ein Glas zerbrach, ein Stuhl fiel mit stumpfem kurzem Poltern zu Boden. Die Eigenbrötler krochen aus den dunklen Winkeln, wo man sie fast vergessen hatte, und der Wirt stand mit dem Besen neben seinem Schanktisch. Der Akkordeonspieler entließ die abschließenden schwerfälligen Klänge. Er begleitete die letzten Gäste hinaus, er spielte gern den Türhüter ihrer Vergnügungen. Hinter ihm fiel die Wirtshaustür ins Schloss, und er taumelte durch den Frühnebel zu seinem abgelegenen Haus, von dessen Fenstern er einen unverstellten Blick auf die Ebene hatte. Der Akkordeonspieler verbrachte die Tage damit, die weite Ebene mit den Blicken zu überschweifen und die Träume – nach ihrer Befreiung aus den Ritzen und Falten seines Instruments und dem Einsammeln der unweigerlich beim Musizieren entschlüpften und noch in Reichweite durch die Luft schwebenden Traumfetzchen – ungehindert ihr Spiel um sein Herz und seinen Kopf treiben zu lassen. Das, dachte der Akkordeonspieler, wie er an seinem Fenster saß und in die Stille der Ebene lauschte, das ist das wahre Leben.

BATTONYA

Die Nächte wurden länger, und morgens lastete die Luft jetzt nass auf der Erde, manchmal roch es bitter, manchmal brandig-faul nach Tierkadavern, die in einem großen, eigens nahe der Grenze dafür errichteten Ofen verbrannt wurden. Aus dem ganzen Land brachte man Tierkadaver herbei, um sie hier, wo der häufige West- oder Nordwind den üblen Rauch über die Grenze in ein anderes Land blies, in der unbeschreiblichen Hitze der sogenannten Verbrennungsanlage in kürzester Zeit zu Asche werden zu lassen.

Eines Morgens begannen die buckligen Geschwister auf dem Feld neben meinem Garten den Mais zu schneiden. Zuerst hörte ich nur das Rascheln und das kurze Ratschen der Klinge. Der Mais stand so hoch und dicht, dass dazwischen umhergehende Menschen unsichtbar waren. Die beiden schichteten die Stängel, bis der Haufen groß genug war, dann stellten sie ihn aufrecht, so dass die schiefen Halme sich ineinander verschränkten und mit ihren fleddrigen Blättern zerzauste Vereine bildeten. Wenn die Sonne mittags heiß brannte, schlichen die buckligen Geschwister, braun und grau wie der Mais, nach Hause.

Ich ging zu Rozalia, um meine Vorhänge abzuholen. Die Tür zu ihrem Haus stand offen, Rozalia lag auf dem Bett. Die Vorhänge waren noch nicht fertig. Rozalia war müde nach Wochen im Melonenfeld, jeder wollte auf den Melonenfeldern Arbeit haben, sagte sie. Sie rauchte, beim Ausstoßen des Rauchs zog sie den Mund schief. Jetzt hatte sie Geld, und dann und wann wollte sie auch die Kneipe gehen, denn manchmal konnte man sich verlieben. Einmal verliebte sie sich in einen lustigen Mann, aus dem Slowakendorf. Er kam mit Salami und Schnaps in der Fahrradtasche aus Tóthkomlós zu ihr, und sie gingen tanzen, wenn in der Kneipe Musik gespielt wurde. Sie machte nach, wie er lachte, verzog den Mund zu einem breiten Grinsen. Und wie er in seine Salami biss – dabei ruckte sie den Kopf plötzlich und heftig nach vorn, als stieße sie auf etwas hinab, mit breit geöffnetem Mund. Sie redete mit dünner Stimme, lachte hechelnd, hielt dabei die Hand vor den Mund und die dunklen Lücken zwischen den Zähnen. Na gut, sagte sie immer wieder. Sie wollte vom Sommer erzählen. Von ihren Verliebten, wie sie es nannte. Von dem großen Hallo in den staubblauen Bussen an jedem Sammelpunkt, wo Arbeiter zustiegen. Von der schönen Melonenernte. Bei uns auf dem Melonenfeld geht alles Hand in Hand, sagte sie, Hand in Hand, wir sind nur Erntehände. In den Pausen, da sitzen wir im Schatten, und der Rest unseres Körpers gesellt sich zu uns, wir rauchen und trinken und fassen uns an.

DER MELONENWÄCHTER

Die Melonen waren merkwürdige Gewächse. Erst sahen sie aus wie Schwellungen der Erde, dann wie runde, in sich gehüllte Tiere, die aus der Erde emporgekrochen sind. Dann lagen sie still und warteten, bis der welkende Strang, der sie mit dem Land ihrer Geburt noch verband, durchtrennt wurde.

Wenn die Melonen reif waren, lagen die Felder selbst erschöpft da, schlaff breiten sich Strünke und Blätter über den Boden, dazwischen wölbten sich die Melonen in der gleißenden Sonne der Spätsommertage, in einem Licht, in dem jedes nicht aus direkter Nähe betrachtete Ding klein und unscheinbar wird.

Bei der Ernte arbeiteten Scharen auf den Feldern. Die Melonenpflücker kamen von nah und fern. Sie verdingten sich von Ernte zu Ernte, und wenn der Sommer vorüber war, verschwanden sie irgendwohin. In der Melonenzeit lernten ihre Finger jede kleinste Besonderheit der Melonenhaut kennen, sie spürten die Unterschiede der Düfte, die Schattierungen von Grün und Grau der Schale, jeden Ton, der entstand, wenn die Hände auf die Früchte oder die Früchte aufeinander trafen. Die auswärtigen Pflücker galten als unstet, weil niemand wusste, wo sie wirklich zu Hause waren. Abends tranken und tanzten sie im Wirtshaus und sangen Lieder, die allein weil die Wanderpflücker sie vortrugen, nach fernen Gegenden klangen.

Tagsüber schritten die Melonenpflücker die Felder der Länge nach ab und trugen die Melonen zu kegelförmigen Haufen zusammen. In der Mittagszeit lagen sie im Schatten und schliefen oder blickten in den Himmel und in die Wipfel der spärlichen Bäume. Wegen der großen Hitze errichtete man auf den Melonenfeldern ein offenes Zelt oder eine aus vier Pflöcken und einem großen Tuch bestehende Laube, wo die Melonenpflücker Schutz vor der Sonne suchen konnten. Dort hielt sich auch der Melonenwächter auf, der Tag und Nacht die kostbaren Melonen hütet.

Abends kam ein Lieferwagen zum Feld. Die Pflücker rollten die Melonen auf die Ladefläche. Im Abendlicht sahen die einzelnen Melonen, die zuvor noch unscheinbar in ihren Haufen gelegen hatten, groß und prächtig aus, jedermann verstand, warum für sie ein Wächter bestellt war.

Der Melonenwächter des letzten Sommers wusste in mehreren Sprachen zu zählen und verstand sich auf Schlaflosigkeit. Er sprach wenig und in einer Mundart, die sich für Hiesige fremd anhörte. Wenn es Abend wurde, verschwammen die Umrisse seiner Gestalt, als löste er sich an den Rändern auf und ließe die Nacht ein kleines Stück in sich herein.

Mitten in der Ernte verdingte sich eine Frau zum Melonenpflücken, die keiner kannte. Sie war klein und stark, hatte das Haar in einem Zopf um den Kopf gewickelt. Sie trug bauschige Hosen und ein ärmelloses Hemd, und man sah ihre Schultern und starken Arme, die weder die einer Frau noch die eines Mannes waren, es waren eher die Schultern eines starken Kindes, das schwere Arbeit leisten muss. Eines Abends steckte sie ihren Lohn in die Tasche, aber blieb am Rand des Feldes stehen. Als alle anderen im Wirtshaus waren, wo sie trinken und möglicherweise auch zu den Liedern des Akkordeonspielers tanzen würden, setzte sie sich zum Melonenwächter, der so still unter einem Zeltdach saß, als hätte er die gezählten Melonen bereits vergessen. Sie saßen die ganze Nacht nebeneinander. Es war eine der Nächte, in denen sich ganz plötzlich und nur augenblickslang der Herbst ankündigt. Am Morgen wurde der Horizont erst grau, dann gelb, und die Wolken am Himmel lagen in dunklen Streifen am Rand dieses blassen Gelb.

Bis zum Ende der Ernte saß die Frau nachts neben dem Melonenwächter. Manchmal saßen sie nah beieinander, so dass ihre dunklen Gestalten einen einzigen Umriss bildeten, der mit der Nacht verfloss, manchmal rückten sie ein Stückchen voneinander ab, dann stand ein Stück Himmel zwischen ihnen.

Als die Melonenernte zu Ende ging, verabschiedeten sich alle voneinander. Jeder ruht in seiner eigenen Nacht, soll der Melonenwächter zum Abschied gesagt haben. Jeder ging seiner Wege, und der Melonenwächter schlug im Abenddämmer seine Laube ab. Er legte die Hölzer an den Straßenrand und faltete das Tuch darüber. Die Nächte waren schon spürbar länger. Die Melonenfelder waren bald nur schwarzes Land, endlos bis zum Horizont.

BATTONYA

Gegenüber lebte eine alte Frau namens Olga. Sie sprach mit tiefer, lauter Stimme. Nachmittags saß Olga auf der Bank vor ihrem Haus und rief den Leuten auf der Straße ein paar Worte zu. Manchmal kamen mehrere alte Frauen und setzten sich zu ihr. Die Bucklige in der Rüschenschürze durfte neben Olga auf der Bank sitzen, die anderen Frauen brachten kleine Schemel mit. So redeten sie im Spätsommerlicht, leise und unaufhörlich, bis die Abendkühle aufstieg. Als erste ging immer die Bucklige. Sie trug ihren schmalen kniffigen Mund und ihre roten Augen an meinem Fenster vorbei und in ihr Haus, um für ihren Bruder das Abendessen zu bereiten.

Eines Tages starb Olga. Als sie begraben wurde, fuhren alle Frauen der Straße auf ihren schwarzen Fahrrädern zum serbischen Friedhof. Sie brachten Sträuße mit Dahlien und gelben Margeriten und blassen kleinen Astern mit.

Olgas entfernte Verwandte machte sich daran, Olgas Haus auszuräumen. Sie verschenkte und verkaufte Olgas Besitztümer, und Leute kamen mit Handkarren, um Wäsche, Geschirr und Kochtöpfe abzuholen.

Olga hatte lange in einer fremden Stadt gekellnert. Sie machte die Bekanntschaft eines Kellners, mit dem sie in ihrer freien Zeit kleinen Vergnügen nachging. Olga hatte jedoch stets große Sehnsucht nach der Musik ihrer Heimat, insbesondere dem Akkordeon. Olga hielt große Stücke auf

37

jeden Akkordeonspieler und wird auch ihrem Freier davon erzählt haben. Der Kellner nahm sie zur Frau, und sie kam mit ihm zurück in ihr Haus und brachte auch ihre Kellnerinnenschuhe mit, schwarze Schnürstiefel, die bis an die Wade reichten, und an den Zehen und der Ferse offen waren. Bald starb der Ehemann, und Olga wurde Buffetdame im Kino von Battonya, wo sie ihre Kellnerinnenschuhe wieder tragen konnte. Das Buffet war sehr klein, und Olga reichte durch ein kleines Fenster Tässchen mit starkem Kaffee, kleine Gläser mit Wein, süße Limonade, ungeschälte Erdnüsse, die auf riesigen Feldern in der Umgegend wuchsen, und gekochten Mais. Die Maiskolben schwammen stundenlang in einem großen schwarzen Kessel im warmen Wasser.

Das Kino von Battonya lag jetzt verlassen. ›Mozi‹ stand in erloschener Schrift auf der Fassade, und drinnen roch es nach dem heißen Staub im Lichtstrahl der Vorführmaschine und nach Erdnüssen. Der Linoleumfußboden wellte sich, die Fensterbänke waren übersät mit ausgetrockneten Fliegen. Hinter dem Kino lag ein wilder Garten mit einem großen Walnussbaum, auf dem Eulen wohnten, tagsüber saßen sie unbeweglich auf den Ästen, dicke Stümpfe im schütteren Laub. Wenn es Abend wurde, breiteten sie die Flügel aus und schwebten mit einem leisen pfeifenden Sausen in die Dämmerung.

Es war September, und die Störche flogen davon. Das Brachland gehörte jetzt den Reihern, weiß und grau im frühen Morgenlicht zwischen dem Sumpfgras. Ein junger Storch war in Kevermes geblieben, er stand am Rand des leeren Nests und schaute in das verlassene Gewirr des herbstlichen Nestgestrüpps. Unter ihm, an der Straße, saßen die Zigeuner im letzten Sonnenschein und rauchten Pfeifen wie im Dreizigeunerland meiner Kindheit. Für den Storch würde es der erste Winter, und alles Vertraute würde ihm jetzt zur Fremde, weil er allein war und sein Winterherz an einen anderen Ort gehörte.

Die Fohlen des Frühlings trabten unterdessen neben ihren Müttern oder an einer Leine hinter den Pferdewagen, warfen den Kopf, suchten den Takt, schliffen sich gehorsam.

Alles wurde blass, fahl und sanft, als könnte nichts mehr schneiden, stoßen, reißen. Sandhelle Kühe weideten zwischen gilbem Schilfgras, alle Farbe war weggewischt, und die kinderlosen Ziegen lagen an ihren kurzen Ketten im Gras zwischen Straße und Pfad, milch- und mutterweiß, während man die kleinen Ziegenböcke leise zum Schlachten führte.

Auf den Feldern standen nur noch die Sonnenblumen, schwarzbraun und raschelnd vor Verdörrung. Im Stich gelassene Heere hängender dunkler Blütenköpfe, geknickter Stängel, hingesunkener Blumen über klaffenden Rissen in der Erde. An den späten bleigrauen Hitzetagen zerflossen die fernen Reihen in den Himmel.

Die abgeernteten Maisstängel wurden zu spitzigen unordentlichen Strohhaufen gebunden wie auf dem Feld meiner Nachbarn. Sie staken in Reihen aus der Stoppelerde, riesige Spitzhelme vergessener, verirrter Krieger, die womöglich unter diesen Helmen verkümmerten, in irgendeiner Erwartung verwesend, zerrauft und nutzlos hielten sie sich bereit, bis sie unter Wind und Schnee und dem tiefen Wintergewölk in sich zusammensackten.

Die Nächte waren voller Hundegebell und Herbstgeruch. Tagsüber wurden Reisig und modernder Grasabfall verbrannt, der Rauchgeruch kroch in die Nacht.

Gelegentlich suchte Zoran mich auf. Er brachte mir Ableger von Kakteen und gab Ratschläge. Ich mochte seine Pflanzen nicht und ließ sie auf der Veranda stehen, wo der Wind die blassgrünen Ärmchen der flinkwurzelnden Kakteen mit Staub überzog.

Zoran blieb ungebeten und unentschlossen auf der Veranda stehen, erzählte von Todes- und Unglücksfällen in der Umgegend und von seiner bevorstehenden Abreise nach New York.

Ich werde mit meinem Freund arbeiten, sagte er, wir werden Schlösser reparieren.

Manchmal flocht er deutsche Wörter in seine Berichte.

Wo hast du deutsch gelernt?, fragte ich ihn.

Zoran hatte in Deutschland gearbeitet.

Ich war Kommandomann, sagte er. Ich habe einen Bunker gebaut.

Zoran hatte einen Trupp ungarischer Arbeiter beim Bau eines Schutzbunkers kommandiert. Dem Auftraggeber, der eine Wurstfabrik besaß, mochte der Anblick der arbeitenden Schar ein kurzes Glücksgefühl vermittelt haben, wenn er an die Geborgenheit dachte, die eine solche trutzige Höhle im Falle großer Gefahr bereithielt. Ich stellte mir Zorans flackernde Äuglein und den schiefen Mund beim Kommandieren vor, während seine Untergebenen bis zu den Hüften, Schultern oder Nacken bereits in der ausgeschachteten Grube standen. Im Hintergrund sah ich deutsche Landschaft, ein dunkelwaldiges Mittelgebirge, baumgesäumte Flussauen, namenlose Landschaften in einem unscharfen Graugrün, wie auf billigen Kalenderabbildungen und Postkarten.

Zoran erzählte mir von seiner Krankheit. Er setzte sich auf einen Stuhl und deutete mit den Händen kleine Hügel an, das waren die Medikamente, die er nehmen musste. Dann beschrieb er mit einer fast zärtlichen Geste eine Wölbung in der Luft und behutsam setzte er diese vorgestellte Wölbung auf seinen Kopf, dazu sagte er ein Wort, das ich nicht verstand. Er zeigte auf einen Kakteenableger, den er gebracht hatte, und dann wieder auf den Kopf, dabei presste er die Augen zusammen. Er hatte ein Gewächs im Kopf, so hieß es früher, biologisch und liebevoll, ein Gewächs, das seine Wurzeln, Zweige und Blätter, seine in ewiger Abgeschiedenheit vom Sonnenlicht sicher weißbleichen Blüten im Körper gedeihen ließ, ein Fleischpflänzchen.

Zoran brachte mir den Schlüssel zum jüdischen Friedhof.

Du kannst ihn dir ansehen, sagte er, als gehörte der Friedhof ihm. Früher haben wir zwischen den Grabsteinen Verstecken gespielt.

Der jüdische Friedhof lag am Ausgang des Dorfes, an der Straße nach Kevermes. Das Tor war stets verschlossen, doch der Zaun voller Lücken. Auf einer kleinen Erhebung ragten Grabsteine zwischen immergrünen Schlingpflanzen und rotbeerigen Büschen. Die verfallene Totenhalle trug eine hebräische Inschrift, die Buchstaben zogen einen Bogen, unter dem sich ein großes Loch auftat, dadurch sah man den Himmel und den Horizont. Der Friedhof war groß und fast leer. Ich hatte von dem gelegentlichen Hochwasser gehört, den dünnen Flüsschen, die über die Ufer traten, dem aufsteigenden Grundwasser, das die Gebeine emporschwemmte und die Grabsteine in den Schlamm sacken und darin verschwinden ließ.

STADT

Irgendwann würde ich zurück in die Stadt fahren. Ich würde aus dem Zug steigen und in der Menge der Unbekannten durch die große Bahnhofshalle gehen. Tauben würden aufflattern und hoch hinaufschnellen, bis zu den höchsten Streben und Glasscheiben der Halle. Die Krüppel würden betteln, die Taxifahrer würden um Kundschaft anhalten. Ich würde in den Trolleybus steigen, und im Dunkeln würden sich die vielen Lichter an der Straße in den glattgewetzten Pflastersteinen spiegeln. Ein stumpfes Scheinlicht auf den dunkelgrauen Stirnen der Straße.

Zu beiden Seiten der Straße würde ich Dinge sehen, die eine ferne Vertrautheit haben würden. Licht in den Scheiben der Kneipen. Die Auslagen von Geschäften. Das Schlendern der vielen Menschen auf den Trottoirs. Das große Mahlen der Geräusche. Das Ineinandergreifen der Geräuschkeile und Lärmräder, die eine laute Luft erzeugten.

Das Herz würde in seiner Verwilderung erblühen, den Schmerz aufsuchen und sich betrinken. An den wirren, gierigen Blicken, die sich immer in Ecken, an Krümmungen fangen, in den Winkeln anderer, enttäuschender Erfüllungen steckenbleiben würden. Am Klirren der aneinander vorbeistreifenden herbstkalten Hände, die weit ausholend in die Luft greifen und kümmerliche Beute in ihren Fingernetzen einholen würden, Papierschnipsel, die versprühten Tröpfchen feuchter Seufzer oder hastig vergossener Tränen,

im Schatten eines Kiosks oder Boulevardbaums, beim Auf-
stoßen der Traurigkeit, die draußen vor der Stadt den lun-
gernden Blicken und Gedanken aufgehuckt war.

So würde der Abend in der Stadt vergehen. Hin- und
hergeworfen in der fern gerückten Lust an der Vielmen-
schigkeit, im Beben und Sirren einer unbekannten Erwar-
tungsmenge. Die Nacht würde kühl werden, der Geschmack
bitter, das Lachen grell. Auch in die Stadt würde der Herbst
wehen. Im Morgengrauen würde ich, die Lider grau und
die Zunge pelzig vom Staub der Gassen, das Herz schwer,
in einen Zug steigen. Es würde hell werden, Nebelfelder
würden sich über den seichten Mulden ausbreiten, in denen
brackiges Spätsommerwasser stand. Jenseits der Tisza würde die Sonne hervorkommen, zaghaft und herbstblass. Die
Städtchen würden versprengter, die Dörfer kleiner. Der Zug
würde an kleinen Stationen halten, wo Hühner zwischen
den Gleisen pickten. Dann würde die leere Landschaft an-
brechen, wo der Himmel sich in den großen Lachen auf dem
Ödland spiegelt. Der Himmel würde sich mit dünnem Gewölk bedecken, und schattenlos würden sich lange Reihen
fleddriger Maisstrohhaufen über die Felder ziehen.

MEZÖHEGYES

Der kleine Zug von Battonya nach Mezöhegyes fuhr durch die abgeerntete Landschaft. Er keuchte unter der Fahrt, wie ein angestrengtes Tier. Alles lag offen da, riesig, die Erde trocken und dunkel. Landmaschinen wirbelten Wolken auf, die sich erst nach Stunden setzten. Raubvögel kreisten, zwischen den Stoppeln wimmelte es von kleinen Tieren. Hier und da gingen einzelne Menschen langsam und gebückt die Felder ab und suchten nach Übriggebliebenem. Am Feldrand lagen ihre Fahrräder. Was sie fanden, sammelten sie in groben weißgrauen Säcken aus Plastikgewebe. Auf den großen leeren Flächen sahen die Sammler sehr klein aus.

Am Bahnhof in Mezöhegyes standen mehrere Züge, rotgelbe Waggons, die einzeln durch die Landschaft pendeln, Grenzen streifen, in Grenzorten halten würden. Die spärlichen Reisenden sahen immer erschöpft aus, ausgelaugt von Hitze, Kälte, Weite, Licht oder Dunkelheit.

Ich ging in ein Lokal am Bahnhof. ›Central‹ stand in schwarzen Eisenbuchstaben an der weißen Wand. Die meisten Tische in dem großen Raum waren in einer Ecke zusammengeschoben. Der Kellner und die Kellnerin hatten der Gaststube den Rücken zugekehrt, sie saßen am Fenster und ließen die Augen über Bahnhof, Zuckerfabrik und den kleinen Streifen Horizont schweifen, der gelblich und türkis hinter den Gleisen stand. Fast alle Speisen auf der Karte waren durchgestrichen. Die Kellnerin stand vor mir und quittierte mit müdem Schulterzucken meinen Hunger. Später tuschelte sie mit dem Kellner in der Küche, brachte gleichmütig eine unbestellte Speise und schlurfte ebenso gleichmütig wieder mit ihr davon. Das Central sperrte zu, sobald der Abend kam. Am Bahnhof standen nur noch zwei Waggons, die auf die letzte Fahrt an diesem Abend warteten. Über der Zuckerfabrik am Rand von Mezöhegyes ging der Mond auf, blass an einem blassen Himmel.

In einer kleinen Kneipe sah ich den Kellner und die Kellnerin aus dem Central wieder. Am Schanktisch tranken sie roten Wein aus kurzen stumpigen Gläsern, sie nickten mir unverwundert zu. Ich sah, wie ihre Beine danach strebten, einander zu streifen.

An dem einzigen Tisch aß ein Mann. Seine Finger und Lippen glänzten von seiner Salami, Schnapsflasche und Glas vor ihm waren fettbeschmiert. Er riss große Stücke von einem weichen Laib Brot. Wenn er in die Salami biss, ruckte er den Kopf nach vorn und sah aus wie ein Tier, das nach einer flüchtigen Beute schnappt. Er erzählte von der Zirkusvorstellung in seinem Dorf, die anderen lachten. In der Musikbox leuchteten die Lieder eines lockenprächtigen Schlagerkönigs. Der Salamiesser warf eine Münze ein, die bebend hohe Stimme von Zámbó Jimmy erklang. Der Salamiesser fuhr sich mit dem Handrücken über die Kehle. Ja, der König war tot. Alle sangen mit, ihre Augen wurden feucht, alle tanzten, in der kleinen Kneipe griff man sich wie zum Reigen um die Taille und tanzte im Kreis. Der Kreis wurde enger, wurde weiter, drehte sich rechts herum, links herum. Ein Mann polterte gegen einen Hocker an der Theke und rappelte sich wieder in den Kreis. Der Salamiesser war sehr betrunken, schmierte sein Salamifett an die Hüften und Taillen seiner Nachbartänzer, schaute mit wehmütigem Grinsen an die Decke. Der Schlagerkönig sang und sang. Tief in der Nacht waren alle müde, die Wirtin schloss die Türe ab, der Salamiesser setzte sich auf sein Fahrrad. Die Finsternis war kühl und feucht, es roch nach Herbst, nach Erde und Rüben und Pferden.

Am nächsten Tag kam der Zirkus nach Mezöhegyes. Die Erntezeit ging zu Ende, zu beiden Seiten der Straße rieben sich die Arbeiter zwischen den welken Maisstauden und den verbrannten Kartoffelpflanzen die rissigen Hände und schauten dem Zirkus entgegen. Alle Hunde bellten, Kinder standen am Straßenrand und winkten, sie liefen den Wagen hinterher bis zu der Wiese, wo das Zelt aufgeschlagen würde. Aus den Tierwagen drang dumpfes Grollen und Knurren, ein Jaulen und Wiehern, das fremd in der Luft hing und kurz auch die Hunde zum Schweigen brachte.

In der Dunkelheit saßen die Zirkusleute auf den Stufen ihrer erleuchteten Wagen, sie aßen und riefen sich gelegentlich in ihrer fremden Sprache, die man gern für eine Zirkussprache hielt, etwas zu, lachten auf.

Die Zuschauer kamen mit großer Erwartung zur ersten Vorstellung. Über der offenen Kuppel des Zeltes hing der dämmernde Himmel. Die erste Nummer bot ein Selbstbefreiungskünstler, der so dünn war, dass er sich zwischen den Stäben seines Käfigs, in dem er gefangen gehalten schien, hinauswinden konnte. Anschließend trug er den ganzen Käfig auf einer ausgestreckten Hand an der ersten Zuschauerreihe entlang. Das Publikum applaudierte, doch niemand wusste so recht, ob der Beifall dem vermutlich erduldeten Hunger, der Schlängelfertigkeit oder der Kraft gelten sollte, die der Künstler mit dem Hinaustragen seines eigenen Käfigs unter Beweis gestellt hatte.

Am Himmel über dem Zelt leuchteten einzelne Sterne, als die Kunstreiterin auf ihrem Pferd in die Manege ritt. Wenn später von diesem Auftritt die Rede war, waren sich alle über ihre Schönheit einig. Später trat die Reiterin in verschiedenen Kleidern und Eigenschaften auf, auch als Beschwörerin einer großen Schlange. Betört von den spitzigen Lauten einer kleinen Flöte, wand sich diese müde um die Schultern der Kunstreiterin, ohne Anstalten zu machen, ihr ein Leid zuzufügen.

Zum Schluss erschien ein Dompteur. Auf seiner Oberlippe saß ein schwarz gezwirbelter Schnauzbart, der seinem Gesicht etwas Feuriges verleihen wollte, während Pracht und Königlichkeit des Löwen das Publikum nun märchenhaft streifen sollten. Enttäuscht schrumpften die Herzen, als nur die Kunstreiterin, wieder in ihrer Akrobatentracht auf das Podest stieg, und man applaudierte nicht einmal, was man ihr doch geschuldet hätte, zumal sie Mut bewies, indem sie durch einen entflammten Reifen sprang und wohlbehalten mit einem Handstand in den Sägespänen landete. Damit war die Vorstellung beendet, doch der Triumph, den sich der Zirkusdirektor und seine Künstler beim Einzug in die Ortschaft ausgemalt haben mochten, blieb aus, ihre Verbeugungen aus der Manege gingen ins Leere, und das Publikum verzog sich nach einem dünnen, zerstückelt hallenden Applaus. Die meisten gingen in eine Kneipe, wo sie schwiegen oder murrten und tranken.

›Der Löwe ist tot, neues Programm‹ stand am nächsten Tag auf kleinen Zetteln an den Telegrafenmasten und Laternenpfählen. Doch niemand ließ sich von dieser Verheißung locken, es war plötzlich so, als sei es allein der Löwe, der den Zirkus zum Zirkus machte oder gemacht hätte, als hätten nur auf ihm Hoffnungen und Träume geruht, die nun zu Luft geworden waren.

Es war auch kalt geworden, wohin man schaute, sah man Rauchwolken aus Gärten aufsteigen, um diese Jahreszeit wurde vieles verbrannt. Die Zündler standen dabei und beobachteten die Flammen, bis sie verzehrt hatten, was zu verzehren war, und in sich zusammensanken. Die Herbstfeuer waren gehorsam, sogar etwas scheu, wenn sie zu bloßer Glut geworden waren, breitete man Erde darüber.

Die Zirkuskünstler lagen untätig im kühlen herbstfahlen Gras und blickten in die Wolken, während die Tiere aus ihren Käfigen knurzten und bellten, der Wind in den Wimpeln zauste und an der schlaffen Leine zwischen Zeltspitze und Zaunpfahl riss. Abends erstrahlten die Lichter, doch niemand kam. Neugierige lungerten mit ihren Fahrrädern in einiger Entfernung, wo sie schon fast in der hereinbrechenden Dämmerung versanken, und blickten zum Zirkuszelt, als wollten sie Zeugen einer Schlappe werden.

Im Laufe eines kalten Regentags sackte das Zelt langsam in sich zusammen. Die Stangen knickten ein, die regentriefenden Seile hingen durch. Die Tiere schwiegen, die Artisten schauten aus den Türen ihrer Wagen in den grauen Tag hinaus und auf das immer tiefer sinkende Zelt. An diesem Abend kehrten sie alle im Wirtshaus ein. Der Regen rauschte leise. Die Zirkusleute tranken viel. Der Selbstbefreiungskünstler erhob sich und schlug mit der Hand auf den Schanktisch. Der Zirkus ist tot, rief er mit flacher Magerstimme. Seine Kollegen stimmten ihm kopfnickend zu, der Zirkus ist tot, ja, der Zirkus ist tot, murmelten sie durcheinander, und auch die anderen Gäste, die alle im Zirkus gewesen waren, nickten, als seien sie um Beipflichtung gefragt.

BATTONYA

Die Maisstrohhaufen standen jetzt in drei Reihen auf dem Nachbarfeld. Ab und zu suchte der bucklige Nachbar seine Strohhaufen auf, machte sich zwischen ihnen zu schaffen und ging wieder. Ein Pferdefuhrwerk kam, und zwei Männer verluden die Maisstrohhaufen unter den Anweisungen des Buckligen auf die Ladefläche des Karrens. Sie hoben sie hoch wie Puppen und legten sie auf den Wagen. Erst nebeneinander, dann aufeinander. Die Pferde vor dem grünen Wagen stapften unruhig, als eines sich aufbäumen wollte, riefen die Männer mit blitzenden Stimmen Hü und Ho. Zweimal musste das Fuhrwerk wiederkommen, bis das Feld abgeräumt war. In diesen Pausen stand der Nachbar auf dem leerer gewordenen Feld und schaute in die Ferne. Er bewegte sich nicht und sah in dem nebligen Morgenlicht aus wie ein Ding, das irgendwann einmal dort errichtet oder abgestellt worden war, ein Zubehör des ländlichen Lebens dieser Gegend, wie die Brunnen mit den hoch aufragenden Schwengeln, die Steintränken und Blechwannen, die auf den Feldern lagen.

Ich ging zu József, der in einer Werkstatt hinter einem großen grünen Tor Fahrräder verkaufte. Sobald die erste Kühle einsetzte, trug József eine schwarze Kappe mit Ohrenschützern und Fellfutter, die hatte ihm seine Liebste einst aus Russland mitgebracht, daraufhin nahm er sie zur Frau. Manchmal hörte ich die Frau am Rande des Marktes mit ei-

49

ner anderen Frau leise russisch sprechen, sie hielt den Einkaufskorb mit beiden Händen vor dem Bauch und furchte die Stirn, wenn sie sprach. Józsi hatte einen alten Eisenofen in seiner Werkstatt und arbeitete langsam an kaputten Fahrrädern oder feilte Schlüssel. Unterdessen fanden sich immer Besucher ein, die in der Tiefe der Werkstatt oder an die Theke gelehnt Gespräche führten und Geschäfte abwickelten, die mit Józsi, den Fahrrädern und den Schlüsseln nichts zu tun hatten. Ich kaufte Józsi ein Fahrrad ab und er erzählte mir von früher, als er im Kino Vorführer war.

Wie der Vorhang surrte, wenn er zur Seite fuhr!, sagte Józsi.

Jeden Tag gab es Programm, außer mittwochs. Die Kinder saßen in den ersten Reihen und die Verliebten auf dem Balkon. Wer nicht verliebt war, kaufte auch keine Karte für den Balkon, denn allein wollte niemand zwischen den Verliebten sitzen.

Ich dachte an die Eulen im Kinogarten, die vielen Fliegenleichen auf den Fensterbänken, das wilde Gurren der Tauben, das den Vorführraum jetzt erfüllte, die kleinen Federn, die durch halb offenstehende Luken hereinschwebten, die Aufwerfungen im brüchigen Linoleum, an den Geruch von Maschinenöl, Spuren, die die große Hitze surrender Maschinen in den Poren des Raumes hinterlassen hatte.

Heute will man nur kleine Bilder sehen, sagte Józsi. Alles soll so sein, dass man es haben kann. Dass man es streicheln und den Besitz unter den Fingern spüren kann.

Mit den Händen beschrieb er die Gesten, die er sich um die Dinge vorstellte, das Streicheln, das Festhalten, das Haben, dabei stak der Schlüssel, an dem er feilte, zwischen seinen Fingern in die Luft.

Mit dem Fahrrad fuhr ich über die unebenen Straßen, zwischen den Feldern hindurch. Stoppeln wurden abgebrannt, lange schmale Bahnen Feuer krochen im Dämmer über das Feld, der Rauch ballte sich schwer in der nassen Luft, die Dunkelheit fiel, und im Licht der Flammen zuckten die Schatten der Männer, die das Feuer bewachten und mit Armen und Füßen und sogar heiseren wortlosen Rufen führten, als wäre es ein großes ungelenkes Tier.

Ich fuhr aus dem Dorf hinaus nach Süden, ließ die letzten Häuser hinter mir und die letzten dunkelwelken Sonnenblumenfelder. In der Ferne stand eine Baumgruppe, fast am Horizont ein Gebäude, grau und flach, unscharfe Bilder, auf die Krümmung der Erde gezeichnet. Quer über das Feld am Weg zogen sich Telegraphenmasten, die sirrten, schwaches Hundegebell schnarrte in der Luft und schien in dieser großen Entlegenheit von allem Bewohnten auch aus den Telegraphenmasten zu dringen. Verlassen leuchtete ein gelbes Tor unter hohen Bäumen, große Vögel stießen sich mit lauten Flügelschlägen aus den Wipfeln. Ein paar Schritte weiter ragte ein Schild aus dem Riedgras: Grenze. Hier war nichts. Niemand lag zwischen Schilf und Gras und wachte über die Wahrung von Hüben und Drüben. Niemand kam, niemand ging, hier war das leere Land.

DAS FRÜHERE LAND

Das frühere Land war klein geworden. Es lag im Licht des Andenkens, eine Insel in der Ferne. Es war ein Land ohne Grenzen gewesen und dem Grenzland, in dem ich jetzt lebte, fremd. Mein früheres Land war von einem unruhigen Meer umgeben, doch bei aller Unruhe der Wogen, bei aller Unstetheit der Küsten die schwinden und wachsen, abbröckeln und sich ausdehnen, ist dies eine unverbrüchliche Gewissheit im Vergleich zur blassen, in nichts als dem dünnen Papier von Landkarten verankerten Festlandsgrenze, die sich zwischen Grashalmen, Kieseln, Baumschösslingen, Maulwurfshügeln und Pfützen hindurchzieht.

Das frühere Land ruhte im Ozean, und an dieser Umgebenheit vom Wasser, das sein eigener Bestimmer ist, war nichts zu erschüttern. Es war ein Umstand jenseits aller Fragwürdigkeit, der dem Thronen der Insel zwischen den Wogen etwas Hartes, Scharfes verlieh, das erst dem fernen Betrachter sichtbar wurde.

Ich wollte vor niemanden mehr treten und von meinem früheren Land berichten. Ich spürte, wie die Grenzen am Herzen schliffen und feilten. Wie sich die blassen Linien, die nur auf dem Papier und nicht auf der Erde zu sehen waren, um die Gedanken legten. Wie das fahle, gezeichnete Herbstland unter den Schritten Furchen und Aufwerfungen ins Spiel brachte, die auf ihre Dies- oder Jenseitigkeit befragt werden sollten. Gleichzeitig erschien dem Blick über das in seiner weitausholenden Gleichförmigkeit so unbeugsame, in seiner Flachheit so widersätzige Land jede solche Hüben- und Drübenerwägung maßlos und im bloßen Namen des Besitzens herbeigezerrt. Wer wollte hier entscheiden, was wohin gehörte? Wer hätte je mit bloßem Auge, mit seinen Händen, seinen Füßen hier die Grenze erkennen können? Und doch war hier alles umflossen von der Traurigkeit des Getrenntseins. Diese wächst auf der Ebene und zerschellt an den Klippen der Inseln in ihrer trauerlosen Selbstgenügsamkeit, an ihrer in unablässiger Brandung erprobten Erhabenheit über die Melancholie.

BATTONYA

Es regnete tagelang. Der Regen drang durch alle Ritzen und die Zimmerdecke. Der Zimmermann Lajos kam und nahm Maß für eine Treppe zum Dachboden. Lajos' Augen waren schräg und blau, sein Mund lächelte schmal und schief, immerzu, während in seinen Augen eine große Kühle schwamm. Vielleicht war er in kalten Meeren gesegelt, von denen in dieser Gegend nur in Geschichten die Rede sein kann, und dort hatten seine Augen diese Kühle geschöpft. Auf dem rechten Arm trug er eine große Seemannstätowierung, eine nackte Frau, die sich um einen Anker schmiegte.

Von der obersten Stufe der fertigen Treppe sah ich den Wasserturm, die Kirchtürme, die Dächer, die Bäume am Fluss, die ihr Laub verloren, die Maisstrohhaufen in ferneren Gärten, die gelben, im Dämmer schimmernden Kürbisse, die bis zum Frost in ihrem welken strunkigen Blattwerk lagen, den Horizont. Das war die Fremde, in der ich angelangt war.

Zum Winter musste vieles repariert werden. Der Attila kann kommen, sagten die Leute, oder: Geh und frag den Attila. Attila hielt eine Ziege mit zwei Zicklein in einem Gehege. Seine Frau saß krumm und klein am Küchentisch und blätterte in einer Zeitschrift, als hätte sie etwas darin verloren. Ihr Haus war niedrig wie ein Zelt. Attila sagte kaum etwas, wenn er bei mir arbeitete, doch manchmal sah ich ihn von Ferne auf der Straße in Männergruppen gestikulieren und ich hörte seine Stimme. Er hatte eine laute Männersprache und eine leise, schweigerische Frauensprache. Eher waren es zwei Arten, nichts zu sagen, und die Männersprache war nichts als ein lautes Schweigen. Sie war eine Sprache, in der jedes Wort nur hieß: Dies ist die Männersprache.

In meinem Haus richtete er in bedachtsamem Schweigen alles, was zu richten war. Er stellte nie eine Frage und fand sofort für jeden Schaden die richtige Ausbesserung. Zwischen ihm und den Schäden der Dinge bestand eine Verbindung, die außerhalb des Denkens und Redens lag. Es gab nur Worte für einfache Dinge, die ich so lernte. Kies. Sand. Nagel. Leisten. Leim. Die Beziehung zwischen diesen Dingen und der Behebung der Schäden lag weniger im Kopf als in den Händen von Attila, vielleicht auch an anderen Stellen seines Körpers, unter seinen Schulterblättern oder seinem Rippenbogen oder in seiner Fußwölbung. Ich wusste nichts über ihn und er nichts über mich, doch sobald er die Schwelle zu meinem Garten überschritt, breitete sich eine Ruhe aus, als beherrschte er eine Kunst des Beschweigens. Nur einmal redete er ein paar Sätze. Ich fragte ihn nach der Gegend auf der anderen Seite der Grenze. Ja, in Rumänien bin ich gewesen, sagte er. Früher, damals. Er streckte die Hand aus und bewegte sie hin und her, wie ein Paddel, dachte ich, oder eine Schiffsschraube. In den Bergen und am Meer, am Meeresstrand. Während er das sagte, wanderten seine Augen unstet über entferntere Gegenstände.

Irgendwann war er mit allen Arbeiten fertig, ich bezahlte ihm seinen Lohn, er ging, und mir fehlte sein Schweigen.

Ich suchte Lajos auf. Sein Haus lag an einem tief zerfurchten Weg, in den Furchen stand das Wasser und wartete auf den Frost. Eine Frau öffnete die Tür. Sie hustete schwer und trug eine Häkelkappe auf dem Kopf. Es roch nach Friseur, hinter ihr stand eine junge Frau in einem weißen Kittel. Ihre Hände steckten in farbverschmierten Plastikhandschuhen. Komm herein, komm herein! Sie winkte einladend mit ihren dunkelverfärbten Handschuhen.

Ich bin sehr krank, erklärte die Frau mit der Häkelkappe, schon die zweite Woche. Sie hustete bekümmert.

Ich will zu Lajos, sagte ich, ich muss etwas bestellen.

Die beiden Frauen zeigten enttäuscht in den Hof. Ein mit Drahtzaun eingefasstes Gehege nahm fast die ganze Fläche des Hofs ein. Am Ende des Geheges tobten riesige schwarze Hunde in einem Zwinger. Der Zimmermann Lajos schritt vor dem Zwinger hin und her. Ab und zu stieß er ein Wort aus und machte eine Gebärde, als wollte er den schwarzen Hunden das Wort vor die tosenden Mäuler werfen, daraufhin kuschten und schwiegen sie einen Augenblick lang. Lajos trug einen großen Hut aus rötlichem Fuchspelz. Der Hut saß wie ein großes Rad auf seinem schmalen Schädel, er hatte etwas sehr Prächtiges an sich, und in seinem Schreiten, mit seinen schneidenden Rufen und seinen leeren Würfen sah der Zimmermann vor dem unruhigen Hundegewölk aus wie ein hierher verschlagener Prinz, in Gedanken in ferne Kampfhandlungen verstrickt, die auf die hiesige Gegend nie den fernsten Schatten werfen würden.

TOTENLAND

Auf dem Samstagsmarkt erschienen die Grabschmuckhändler. Sie kamen mit ihren Autos, die Grabgestecke stapelten sich bis unters Dach und wurden dann, wenn der Grabschmuckhändler einen schönen Stellplatz auserkoren hatte, zur Schau gestellt. Das ganze Auto verschwand darunter und sah aus wie ein frisches Grab.

Die Grabgestecke waren aus Kunststoff. Auf blaugrünen Scheintannenzweigen saßen leuchtend weiße Scheinschleifen- und verschiedenfarbige Scheinblumen. Um die Gestecke scharten sich Grablichter in vielen Größen und Farben. Noch war es Oktober, doch schon gedachte man der Toten, das waren die Totenfestwochen, Glanz trat in die Augen, der fiebrige Glanz der Grabliebe. Man kaufte Gestecke, Lichter, Grabschmuck wie andernorts bunten Flitter auf Jahrmärkten. Die Friedhöfe erstrahlten wochenlang.

An einem Samstag traf ich Zoran. Auf dem Gepäckträger seines Fahrrads klemmten Grabgestecke.

Bald fahre ich nach Amerika, sagte er. Vorher muss ich noch an die Gräber.

Er begann, seine Toten aufzuzählen. Dabei sprach er ungarisch, als gehöre sich das Reden von Toten nur in dieser Sprache.

Meine süße Mutter, sagte er.

Im Ungarischen sind die engen Verwandten immer süß. Meine süße Mutter, mein süßer Vater, auch wenn sie noch am Leben sind. Vielleicht hat es mit den Blutsbanden zu tun. Blut ist süß, hieß es früher, als ich Kind war in Deutschland, Blut ist süß, sagten die anderen Kinder, wenn sie an einer frischen kleinen Wunde leckten oder verschwörerisch ewige Freundschaft besiegeln wollten.

Die Toten haben es gut in Ungarn, sagte ich zu Zoran.

Ich dachte an das Budapester Totenreich am Stadtrand, die stets vollen Straßenbahnen dorthin. Im Sommer fuhren die Großmütter mit ihren kleinen Enkeln schon früh hinaus, die Kinder hielten Schaufel und Gießkanne in den Händchen, als ginge es an den Strand. Die Begräbniszüge formierten sich laufend, setzten sich auf ein Zeichen hin in Gang, hinter ihrer Blaskapelle oder ihrem Geistlichen her, in kurzem doch würdigem Abstand zum vorhergehenden Zug. Im heißen Sommer strotzten die Blumenstände von grellroten Gladiolen, das Straßenpflaster dampfte von dem Gießwasser, das die Blumen frisch halten sollte. Einmal sah ich eine kleine Trauergesellschaft, nur Männer in schweren schwarzen Anzügen, mit dicken Ketten und Armbändern aus Gold, verschwitzt tranken sie schweigend Bier in einer von der Gleisschleife umschlungenen Stehkneipe, bevor sie in die stadtwärtige Straßenbahn stiegen, nur der Jüngste, ein blasses Kind, dem die Jackenärmel die Hände verdeckten, bekam Cola.

An Allerheiligen spazierte ich auf den Gemeindefriedhof in Battonya, im Dämmer schwammen tausende Lichter, zwischen den Gräbern stolperten die letzten Besucher umher und suchten ihr Ziel. Auf einem Grab standen drei nackte kleine weiße Kerzchen, die im Wind erloschen waren.

Im flachen Herbstlicht umwogt vom dürren Gras, gesäumt von den schon dunkelgemoderten Maisstrohhaufen, sahen die Friedhöfe aus wie ein aufgeputzter Festplatz. Blumen leuchteten, die man ohne Menschenhand auf der ganzen Welt nicht finden würde. Ihnen drohte weder Fäulnis noch Verwüstung, höchstens die Banden streunender Hunde, die ihre Wut gerne an den sternengleichen unverwüstlichen Blüten ausließen und auf den kleinen unvermittelten Ödnissen zwischen den Gräbergruppen auf dem Battonyaer Friedhof ein Schlachtfeldchen zerrupfter Trauerpracht anrichteten.

Doch erst mit dem Schnee breitete sich Trauriges über die Feierlichkeit, denn zu dem bereiteten Friedhofsfest war niemand erschienen.

HATÁR

Das ungarische Wort für Grenze ist *határ*. Es ist ein kurzes, scharfes Wort, ein Hackwort, es passt zur Grenze besser als frontiera oder granica oder auch Grenze, Worte, denen im Vergleich zu *határ* etwas Weiches, Lässiges anhaftet.

Trotz des scharfen Wortes ist die Vorstellung vom Grenzverlauf abseits der scheinwerferbeleuchteten Grenzübergangsstellen nicht genau. Man erzählt sich gern Geschichten über Begebenheiten in Zusammenhang mit der Grenze wie über ein Fabeltier, das dort draußen im Ungewissen schlummert, und im Laufe der Geschichten vergisst man nicht selten, dass es um die Grenze ging.

Zum Beispiel jene Wintergeschichte. Ein schneereicher Winter, der Schnee hatte früh eingesetzt und schmolz nicht, Schicht legte sich auf Schicht. Der Zug hielt im Schneegestöber am Bahnhof, wo die Gleise zu Ende waren, ein Mann stieg aus, den man in der Gegend noch nie gesehen hatte. Die Schneeflocken legten sich dem Mann auf Haar und Mantel.

Er trug einen schweren kastenförmigen Koffer und einen großen Köcher. Man hätte ihn für einen Jäger halten können, der gekommen war, um mit seiner außergewöhnlichen Ausrüstung etwas Außergewöhnliches zu erlegen. Für die Jagd hatte man hier ein Herz, auch wenn man einander gierig auf die Beute zu blicken pflegte und in dem, was der andere erlegt hatte, stets zuerst das sah, was man selbst nun entbehrte und nie mehr erlegen würde.

In einer Gegend wie dieser, wo weder Hügel noch Schluchten in die Landschaft greifen, wo sich keine Wälder vor den Horizont stellen und keine Seen erstrecken, von einem Meer einmal ganz zu schweigen, wo es keine Flüsse gibt, sondern Wasseradern, die so dicht unter der Erde verlaufen, dass sie in regenreichen Zeiten einfach emporquellen und das Land mit einem ebenmäßigen Wasserspiegel überziehen, in einer solchen Gegend also, wo die Erde im Sommer unter der brennenden Sonne über den ausgetrockneten Adern birst und kleine Schlünde bildet, als schickte sich dort ein Gebirge an, da ist die Grenze etwas Merkwürdiges, weil sie so erscheinungslos ist, irgendwo liegt sie da im Land wie eine sehr lange leblose Schlange und will das Schicksal entscheiden.

Der Hiesige hat sich an die Eigenarten der hiesigen Wege und Strecken gewöhnt. An die sich im schütteren Gras verlaufenden Gleise, an die zerfurchten Wege mit ihren unsicheren Krümmungen im offenen Gelände. An die Stille, die über diesem seiner Zugehörigkeit nie ganz gewissen Landstrich liegt. An die Beheimatung in einer Weite, in der alles schonungslos ausgebreitet zu liegen scheint, außer jenem, dem die Gegend ihren Namen verdankt.

Der Fremde nun erkundigte sich bei dem Erstbesten, der seinen Weg kreuzte, nach der Grenze. Man wies ihm die Richtung mit einer ungefähren Gebärde, die durch das Wirbeln der Schneeflocken noch vager erschien. Der bepackte Fremde schritt schwankend den von tiefen, hartgefrorenen Furchen durchzogenen Weg entlang, gefolgt von einem zögernden Trupp Neugieriger, die hofften, Zeuge einer Begebenheit zu werden. Er überquerte ein Feld, dessen Schneedecke von ferne betrachtet unberührt schien. Aus der Nähe war ein Gewirr von krakeligen Vogelspuren und verwischten Pfotenabdrücken verschiedener Tiere erkennbar. Er ruderte sich durch die schutzlose Weite, jenseits des Feldes machte er Halt. Verlief dort ein Weg? Eine Wasserader? Ein Feldrain, dessen büschliges fahles Gras und struppiges Gesträuch kaum aus dem Schnee ragte? Sollte dort die Grenze sein?

Der Fremde zog ein Stativ aus dem Köcher. Aus dem Koffer nahm er den Fotoapparat, der im nächsten Augenblick schon prächtig auf dem Dreibein thronte. Durch ein Glasfensterchen sah man den Schnee, Bäume, einige schwarze Vögel, eine unruhige und gelegentlich unterbrochene dunkle Linie, die durch den Schnee bis zum Horizont verlief. Das war im Auge des Apparates die Grenze. In dem Glasfenster zeigte sich die von der Grenze durchzogene Welt spiegelverkehrt. Was, mit bloßem Auge betrachtet, hüben war, zeigte sich im Fenster als drüben und umgekehrt. Der Fremde zog ein schwarzes Tuch aus dem Koffer, er warf es über seinen Apparat und schob seinen Kopf darunter. Der Fremde und sein Apparat wurden unter dem schwarzen Tuch zu einem noch nie gesehenen Wesen, einem Apparatmenschen.

Der Fotograf nahm den Schnee auf, die Spuren der Tiere, die große, sich bis an den Horizont erstreckende Weite, die Grasbüschel, das spröde Gestrüpp. Es war so still, das man das Klicken des Auslösers bis an den Rand des Dorfes hörte.

Schwarze Vögel sammelten sich auf Bäumen in der Ferne. Sie stießen auf den Schnee hinab und kehrten in einem großen Kreis wieder zu ihrem Baum zurück. Es sah aus wie ein Spiel, denn sie trugen keine Beute. Über dem Bahnhof in der Ferne stand ein kleines rötliches Dreieck zwischen den blaugrauen Wolken, das war die Sonne, die unterging.

Bei Einbruch der Dunkelheit suchte der Fremde das Wirtshaus auf. An einzelnen blassgescheuerten Tischen saßen Menschen allein und still mit einer Flasche. Der Mann bestellte eine Mahlzeit und aß langsam. Der Abend schritt voran, es fanden sich mehr Gäste ein, sie raunten miteinander und starrten den Mann mit der Unverhohlenheit an, die man sich in einer abgelegenen Gegend wie dieser noch leisten kann. Schließlich kam auch der Akkordeonspieler. Die Männer tranken und tranken, und die Frauen wollten gern tanzen, man sah es ihnen an, denn es waren Frauen, die vom Tanzen schön wurden, wie man hierzulande sagt, immerzu juckten ihnen die Füße zum Tanz.

Der Akkordeonspieler atmete schwer und laut, während er das Akkordeon vor seinem Bauch zurechtrückte. Die ersten Töne zogen sich wie unter Schmerzen aus dem Instrument. Der Akkordeonspieler schnitt bittere Grimassen zu seinem Spiel, er drückte die Tasten mit solcher Anstrengung, dass seine Knöchel weiß hervortraten.

Immer wenn das Lied beendet schien, fing es wieder von vorne an, doch in Wirklichkeit wiederholte sich nichts. Die Frauen tanzten schließlich alleine, jede für sich, denn tanzen mussten sie, und sie wurden auch wirklich schön dabei, so kam es den Männern jedenfalls vor, obwohl ihre Augen vom Schnaps und Rauch und vom langen Lauschen auf das Lied trüb geworden waren.

Sie dachten, so sollte es immer sein. Sie wollten ein Lied, das nie zu Ende ging, und sie wollten die Frauen dazu tanzen sehen, während sie selbst dort standen oder saßen und tranken, in kleinen Schlucken, die ganze Nacht, am liebsten auch in einer Winternacht, die lang war und ganz langsam in den Tag versickerte, der folgte.

Gegen Morgen schlief der Gast ein, er legte den Kopf auf den Tisch und schloss die Augen. Der Wirt fegte leise um ihn herum die Stube aus.

Das Ende der Geschichte ist jedes Mal anders, denn meistens hat man an dieser Stelle vergessen, dass es um die Grenze ging. Gestalten wie der Fremde lassen sich beliebig in jede Geschichte schubsen. Die Bilder des Fremden hat nie jemand zu Gesicht bekommen, am nächsten Tag war er verschwunden. Wer weiß, was darauf zu sehen gewesen sein mag. Den Schnee, die kahlen Bäume, die flüchtigen Spuren der Vögel, die tiefen Wolken des Winterdämmers, das alles kennt man hier nur allzu gut. Doch die Grenze – an deren Abbild wollte bald keiner der Schaulustigen, die ihm gefolgt waren, mehr glauben. Von jenem Abend in der Kneipe war noch lange die Rede, es war ein besonderer Abend gewesen, den man sich gern in Erinnerung rief. Der Fremde saß mit der Zeit nur noch als blasser und blasser werdender Schatten in der Geschichte und würde verschwinden, der Platz, den er in den Erinnerungen eingenommen hatte, würde sich nach und nach mit Schnee füllen, mit Himmel, Zigarettenrauch, Akkordeonklängen und mit dem schlurrenden Ziehen der tanzenden Frauenfüße auf dem Kneipenboden.

BATTONYA

Alles wurde langsamer unter dem schweren Himmel. Frauen mit langen bunten kleingefältelten Röcken und Männer mit dunklen Blicken schleppten unförmige karierte Taschen von Tor zu Tor und boten Wolldecken und Kochtöpfe zum Verkauf an. Niemand öffnete ihnen, sie klopften an die Fenster und sprachen die wenigen Leute an, die auf den Pfaden entlang der Hauswände unterwegs waren. Niemand wollte ihre Decken, ihre Töpfe, nicht einmal die billigen Zigaretten, die sie schließlich anboten, niemand wollte überhaupt etwas von ihnen wissen. So schwand der Herbst, mit diesen kleinen ungewollten Horden von Verkäufern ungewollter Dinge. Jetzt würde der Winter kommen. Im Winter saß man drinnen und wartete. Man schlachtete das Winterschwein, aufgeschnitten lag es im Hof, die bluthändigen Männer tranken Schnaps, und ihre Finger hinterließen braunrote Schlieren auf den Gläsern. Kinder sprangen um das tote Tier. Die Männer stachen und rissen und hackten, dann war ihre Arbeit getan, und ihnen blieb der Schnaps. Die Frauen machten sich jetzt an dem Fleisch zu schaffen, der eisige Wind fuhr ihnen über die nassen bloßen Unterarme, die Hände wurden bläulich und rissig, während sie in der Unterküche die roten Brocken und Fetzen schnitten, mahlten und in dicke Därme stopften.

Csiga Zoli, der im Sommer mit gebrauchten Ziegeln gehandelt hatte, strich an meinen Fenstern vorbei und wollte

alte Kostbarkeiten verkaufen. Régiség, flüsterte er verfüh-
rerisch unter dem Wind, doch wenn ich ihn fragte, was er
Altes und Kostbares zu verkaufen hatte, riss ihm der Wind
die Worte vom Mund, bevor ich sie verstehen konnte. Csiga
Zoli stammte aus einer großen Familie einstmaliger Schieß-
budenbesitzer, die ihr Geschäft früher im Garten hinter dem
Kino betrieben. Im Schatten des Walnussbaums hatte ihre
Schießbude gestanden, dort kamen ihre schönen, feinglied-
rigen Töchter gut zur Geltung, wie man erzählte, sie lehnten
sich liebenswert über die Theke und reichten die Gewehre
und die Munition und zeigten mit ihren schmalen langen
Fingern auf die Dinge, die es zu gewinnen gab. Doch das
war lange her.

In diesem frühen Winter stand Csiga Zoli einmal mit einem Teller an der Ecke der Puschkinstraße, wo sie sich mit
meiner Straße kreuzte, beide Hände um den Teller gelegt,
lehnte sich so aus seiner Straße in meine, stemmte sich gegen den Wind wie mit einem Steuerrad zwischen den halb
ausgestreckten Armen und Händen.

Schau, dieser Teller, sagte er, ist das nicht ein kostbarer
Teller?

Es war ein stumpf messingfarbener Teller, bedeckt mit
Kratzspuren und kleinen Schatten, wo vielleicht ein Orna-
ment hingehört hätte. Dieser Teller ist sehr kostbar, willst du
ihn nicht? Zoli lehnte sich immer noch so aus der einen in
die andere Straße, schief und starr im Wind des Tages. Der
Wind fuhr ihm durch die Haare und über das unrasierte Gesicht. In der Ferne spielte sein kleiner Sohn am Straßenrand
mit einem Stock und einem Hund.

Gibt es Schnee?, befragte ich Zoli und mit ihm den Teller,
dabei dachte ich an den spärlichen Schnee in meiner Kind-

heit, an die dünnen Flocken, die sich müde auf den fahlge-
stutzten Rasen betteten und kaum das abgefallene Laub zu
bedecken vermochten. Zoli schlurfte davon, der Teller bau-
melte in seiner Hand, kurz darauf lagen die Puschkinstraße
und auch meine Straße ganz verlassen da.

Wo bleibt der Schnee?, fragte ich meinen Nachbarn
Todor, als er am nächsten Morgen vor meinem Gartentor
stand, aber er war in Gedanken bei einer ganz anderen Frage. Ja, sagte er, die Synagoge war in dieser Straße hier, und
mein Vater pflegte samstags auf der Bank vor dem Haus zu
sitzen und darauf zu warten, dass seine Freunde aus der Synagoge kamen. Todor hob die verstümmelte Hand, an der
drei Finger fehlten: Deitsch, hieß einer, sagte er, und Hofman und Schwarz, und Ziegler, und Gerstner, und dann
hielt er einen Augenblick inne, ach nein, sagte er, warte mal,
Deitsch, Hofman, Israel, Ziegler, Schwarz, Gerstner, Hacker,
Fromm, und zwischen jedem Namen machte er eine Pause
und schaute die Straße hinauf, dahin, wo, wie er sagte, die
Synagoge gestanden hatte, und wo jetzt nur noch ein grün-
rotes Tor mit großen rostigen Stellen war, und dahinter ein
winterlich leerer Garten mit braunwelken Weinranken und
zerbrochenen Geräten in einer Ecke. So stand er da und
zählte die verschwundenen Juden an der verstümmelten
Hand langsam ab, und vor allem kam er immer wieder auf
den Namen Deitsch zurück, jede neue Aufzählung, die er
unternahm, begann mit diesem Namen: *Deitsch*, hing es in
der weißlichen Luft, *Deitsch*, diese eine, träge Silbe, und unterdessen fielen einzelne kleine Schneeflocken, dann mehr,
und nach einer Stunde waren alle Wege weiß.

WARTEN

Der Akkordeonspieler tat sich schwer mit seiner Kunst, als die kalte Jahreszeit anbrach. Schmerzen mochten ihn plagen, die mit der Feuchtigkeit emporkrochen und sich in seinen Gelenken niederließen. Er erschien in der Kneipe, bekam seinen Schnaps und setzte sich auf seinen Stuhl. Er seufzte und ächzte, während er das Akkordeon zurechtrückte, spreizte und bog die Finger – doch er spielte nicht. Höchstens ein, zwei kleine Folgen scheuer Töne. Nach kurzer Zeit schien er wie schlafend halb über der Stuhllehne zu hängen. Wenn er fast vergessen war, meldeten sich wieder kleine Töne, zu denen er einen merkwürdigen Gesang bot. Es war kein Lied, eher ein Sprechgesang über allgemeine Dinge, der sich an wimmernden, maulenden Tönen entlanghangelte.

Der Horizont lädt ein zum steten Absuchen der Ferne in Erwartung einer unbekannten Veränderung. Das Auge sieht die Sonnenblumen erblühen, verwelken und schwarz werden, starrt über ihr gelbes, braunes, schwarzes Wogen hinweg, dann über den furchigen Sumpf, den sie hinterlassen, der im Winter gefriert und sich mit einer unebenen Schneedecke überzieht. Es verfolgt den Flug der Vögel am Himmel und die fransigen Schatten der Krähenschwärme, die dicht über den Äckern und Feldern schweifen, und späht unterdessen immer nach der Möwe, die uns die Botschaft vom Näherrücken des Meeres bringen könnte. Vom Warten verwildert streift es zwischen den Dingen umher, des Betrachtens so müde, dass der Mund die Namen der Dinge vergisst und auf der Suche nach ihnen offen in die Nächte schnappt. Die Finger streifen über die Erhebungen und Mulden im groben Stoff der Decken und dem furchigen Holz der Bettpfosten und erkennen ausgemalte Landschaften. Beim Lauschen auf die Stille, die flach an den Erdboden gedrückt unter der Last eines eintönigen Sausens und Rauschens des Windes stöhnt, meint das Ohr, eine Melodie oder auch nur einzelne Töne zu vernehmen, alle Sinne lehnen sich dann in die Nacht oder den Dämmer und horchen, als hinge das Leben davon ab. Doch bevor noch klar wird, ob dieser Klang wirklich von irgendwo dort draußen ans Ohr gedrungen oder vielmehr eine Ausgeburt der fast erdrückten Stille ist, hört das Ohr ihn schon nicht mehr, ist er versunken, vergangen oder unter dem Druck einer Hoffnung geborsten.

BATTONYA

Es schneite mehrere Tage. Der Schnee lag hoch, und der Wind blies bitter. Er blies den losen trockenen Schnee zu kleinen Wirbeln, die über die Flächen kreiselten wie die Staubtrichter im Sommer. Am Bahnhof standen die gestutzten Weidenbäume wie schwarze Knäuel vor der großen schneebedeckten Weite.

An den Markttagen traten die dicken Zigi-Frauen in der Puschkinstraße von einem Fuß auf den anderen, um sich aufzuwärmen, und sie schlugen die Arme um ihren Leib. Zigi, Zigi, raunten sie unaufhörlich durch das dünne Schneegestöber. Der Schnee fiel auf die Äpfel in den großen Kisten, die mitten auf dem Markt standen, auf die gelben Kürbisse, die Gläser mit gemahlenem Paprika, mit Honig und grauem Mohn.

Der Zimmermann Lajos trug den großen Fuchspelzhut, seine blassen Augen wirkten türkis darunter. Die Arbeit blieb aus, es gab keine Dachstühle zu errichten, keine Balken zu stemmen, zu verankern und ineinander zu fügen, keine Treppen zu bauen, nichts, von dem aus er hätte Ausschau halten können. Lajos war taub und blind für die kleinen Arbeiten, die ihm angetragen wurden, für die bescheidenen häuslichen Kleinigkeiten von geringfügiger Höhe, beweglich, ersetzlich und den wechselnden Launen der Besitzer ausgeliefert. Der Zimmermann Lajos schlummerte seinen Winterschlaf unter der Tätowierung und überließ Lajos dem Bändiger das Feld. Stundenlang stapfte er hin und her über den hartgefrorenen Schlamm im Hofgehege, während die schwarzen Hunde ihn umsprangen und sich langsam von seinen scharfen, dahingeworfenen Gesten und kurzen, in die Luft gestoßenen Worten zähmen ließen.

Morgens und im Abenddämmer kamen die alten Frauen heraus, sie trugen dicke Strümpfe, zwei, drei Röcke übereinander, mehrere Tücher um den Kopf gewickelt, und leerten die Ascheneimer auf den Gehweg vor den Häusern. Der Atem stand vor ihrem Mund und rührte sich nicht.

Der Pferdekutscher Zoli brachte eine Fuhre Holz und holte den liegengebliebenen Sommerabfall ab. Er trug eine große Schirmmütze, die seine sorgfältig gekämmte Haartolle verbarg, und ein Hinkebein machte ihm zu schaffen. Beim Sprechen kniff er die Augen zusammen, und man sah nur seinen breiten Lächelmund. Das Brennholz lag frisch und rötlich auf dem Schnee, den Zoli und seine Pferde zertrampelt hatten.

Eines Nachts erhob sich ein heftiger Wind, in kurzer Zeit schmolz der Schnee. Das war ja erst der Frühschnee, sagten die Leute jetzt. Die Füße versanken bis zu den Knöcheln im Schlamm. Die zwei großen welken Sonnenblumen in meinem Garten waren umgeknickt.

Die Pappeln längs der Straße krümmten sich, darunter stemmten sich zwei Frauen mit einem kleinen Sodakanister gegen den Wind. Sie trugen dicke Trainingshosen, die mit einer Kordel um die Taille gehalten wurden. Sie husteten unter dem Wind und spuckten aus. Einen Augenblick lang war alles grau in diesem Bild, der Himmel, die Frauen, die Straße, die leeren Pappeln und der Sodakanister, alles war grau, obwohl man es voneinander unterscheiden konnte, die bitteren Gesichter von den Pullovern, die Hosen von der Straße, die Hände vom Kanister und die Pappeln vom Himmel. Alles war auf seine Weise vom Licht im Stich gelassen.

Die Tage wurden so kurz, als wehte sie der Wind mit sich fort. Von den Bäumen beim gelben Tor an der Grenze stiegen keine Vögel mehr auf. Hinter dem Tor tat sich jetzt die Leere auf, in weiter Ferne beschienen von einem bläulichen Grenzscheinwerfer.

Einmal in der Woche hielt ein Lastwagen vor der Fleischerei am Ende meiner Straße. Schnauzbärtige Männer in befleckten Schürzen trugen Plastikkisten mit blassen Geflügelstücken aus dem Wagen in den Hof. Die Kisten standen unter einem schadhaften gelben Vordach aus gewelltem Kunststoff im Hof des Geschäfts, und der Wind fuhr über die borstigen schlecht gerupften grauen Hühnerhäute, die sich schlaff über die vielen in die Kisten gezwängten Brust- und Beinteile der toten Vögel breitete. Von Zeit zu Zeit kam der Fleischer aus dem Laden und riss einen Armvoll graues Fleisch aus der Kiste. Auch seine Hände und seine Gesichtsfarbe waren grau, unter dem gelben Vordach nahmen sie allenfalls einen leichten grünlichen Schimmer an.

Im leeren Licht des Winters rückte alles sehr weit fort. Hatte ich je irgendwo anders gelebt als in diesem Grenzland? Ich stemmte mich gegen den Wind und wusste nicht mehr, ob die anderen Gelegenheiten, die mir als ähnliche Windkämpfe in den Kopf kamen, aus Erinnerungen, Träumen oder völlig eingebildeten Visionen aufstiegen. Hatte mich der Blick zum Horizont so aufgerieben und erschöpft, dass ich mir einbildete, in anderen Städten, anderen Ländern, mit anderen Menschen gelebt zu haben? In solchen Augenblicken wurde mir die Sprache, an die ich mich langsam gewöhnte, widerständig und unaussprechlich, als müsste ich mich ihr zum Beweis für meine Unhiesigkeit versagen.

Einige Zeit war ich stumm. Ich gab den Dingen keine Namen mehr, weil sie nichts mit den mir bekannten Worten zu tun hatten. Ich saß im Mantel auf der Veranda und schaute nur noch auf den Himmel, denn dabei erübrigten sich die Namen. Ich wechselte mit niemandem mehr ein Wort und dachte immer öfter an Attila, der die kleinen Schäden an meinem Haus repariert hatte, und an seine Schweigsamkeit. Seine Augen waren von einem ganz flachen gleichmäßigen Blau, wie zwei aufgemalte Seen auf einem Kinderbild. In diesen zwei Seen rührte sich nichts, als wäre etwas in ihm zu einem kühlen Stillstand gekommen. Er hatte die Ruhe mitgenommen, die über meinem Garten und der Veranda und auch in den Zimmern gelegen hatte, und damit unmerklich eine Decke von den Dingen ringsum weggezogen.

Ich spazierte durch die Winterstraßen, sann auf ein Anliegen, suchte sein Haus, die Tore, Fenster, niedrigen Dächer hinter den leeren Bäumen ähnelten einander zum Verwechseln. Ich meinte sein Haus zu erkennen, das Gartentor stand offen, die Fenster dunkel, von Ziegen fehlte jede Spur. Am Wegrand lungerte ein Mann vor einem Nachbarhaus, er trug eine graue krause Pelzmütze.

Der ist weggezogen, sagte er ungefragt, als stünde er dort und sei bestellt, über den Verbleib eines Fortgegangenen Auskunft zu geben. Als sähe man mir an, dass ich nach ihm suchte.

Es dämmerte. Die Dunkelheit kam früh und schnell, als würde die schmächtige Helligkeit von irgendwoher aus der Luft gesaugt. Ich machte mich auf den Rückweg. Ich warf einen Blick zurück in die Straße, die der Abend schon ganz ausfüllte. Der Mann mit der Pelzmütze war verschwunden. Die Häuser hingen als schwachweiße Flecken im Dunkel, und ich hätte nicht mehr sagen können, welcher Fleck Attilas Haus gewesen war.

DER FLEISCHER

An den Markttagen kamen die Rumänen nach Battonya und
kauften Fleisch. Ihre Autos standen am Rand der Hauptstraße, unter den Kastanien- und Lindenbäumen, die Männer
saßen am Steuer und rauchten durchs offene Fenster, die
Frauen kauften ein, vor allem Fleisch. Alle hungerten nach
Fleisch. Nach dem Einkauf schwatzten sie vor den Geschäften, begutachteten dabei die Taschen ihrer Gegenüber, die
Taschen mit Fleisch und Knochen und Innereien, aus denen
sich rötliche Rinnsale bahnten.

Der Schweinemetzger war ein kleiner Mann mit einem
breiten Mund, in dessen Ecken sich ein Schmerzensaus-
druck niedergelassen hatte, ein steckengebliebener Ausruf
über eine Verwundung, die nicht heilen mochte. Er radelte
behände, Bierflaschen schepperten im Fahrradkorb, Dreizehn Flaschen sagte er an der Pfandabgabe, ja, dreizehn,
erwiderte das Mädchen, und er bekam einen Zettel mit der
Pfandsumme. Der Metzger reckte den Kopf vor mit den
schön aus der Stirn gebürsteten ergrauten Haaren, schritt
mit dem Stolz der Verwundeten. Gelegentlich packte ihn
ein großer Verdruss, seine Miene wurde von Stunde zu
Stunde finsterer, die Gesten unwillig und zäh, die Stimme
dünn. Jeder kleine Schweinefuß, den er ergriff und wog
und in graues Papier wickelte, zog ihn tiefer zu Boden, bis
er schließlich, und sei es auch mitten am helllichten Morgen, den Schlüssel in der Ladentüre umdrehte. Ich trinke,

wann ich will, sagte er, und sperrte die Fleischeshungrigen aus.

Die Theke war schmierig, dunkel vor Fleischlosigkeit. Die Tür zum schwarzen Kühlraum stand offen, der Fleischer trank. Er saß in der Kneipe, wo die geizige Frau eines Eisenbahnschaffners regierte. Alles in der Kneipe wog schwer, sie sah aus wie ein ausgeschnittenes Katalogbild von einer bäuerlichen Wirtschaft in einem westlichen Land, dabei träumt die geizige Wirtin davon, alle Bäuerlichkeit weit hinter sich zu lassen.

Auf einer Bank saß der Fleischer und trank sich das Schweinsblut und die borstigen Federschnitzen der Hühnerbeine von den Händen, die graurosigen Flanken und blassweißen Knochensplitter aus dem Sinn, hier vergaß er die hässlichen Wortwechsel, wenn ihm das richtige Wechselgeld für die großen Scheine der Rumänen fehlte, wenn die Kunden seine Hände belauerten, in denen er zitternd die Scheine zerknitterte, als gelte ihm das alles nichts, und wenn sie ihm in die Kasse griffen, ungeduldig und voller Misstrauen, betrüg uns bloß nicht, sagten sie leise in ihrem Ungarisch oder auch nur mit den Blicken, wir wissen ja, dass du uns betrügen willst, und gleichzeitig waren ihnen die Lippen schon feucht vor Freude auf das Schweinerne, das sie erworben hatten, auf dieses dichte, fette Fleisch, auf den blassen Speck und die dunklen Lebern.

Der Fleischer vertrank ganze Tage in der Kneipe. Durch die Glastür fiel Licht in den zugesperrten Laden und spiegelte sich im matten Metall der leeren Theke. Die Fleischerhaken hingen groß und nackt über dem Thekenglas, die Gläser mit Saurem, die Päckchen mit blassgelben Nudeln dämmerten in einer lichtlosen Ecke. Der Fleischer massierte die schmalen Hände über dem Schnapsglas bis zur Makellosigkeit und grinste, er lauschte auf das Geschwätz und erzählte das Seine, beäugelte die willigen Frauen zwischen den Männern, er konnte auch schmeicheln und sich schmiegen, wenn die Zeit kam heimzugehen, doch zuvor summte er mit geschlossenen Augen ein Lied, halb für den Akkordeonspieler, halb für die willigen Frauen, sein Gesumm hing in der Luft, bis er sagte: Auch dieses Lied gibt es jetzt nicht mehr.

Der Fleischer ist Jude, sagte einer, und dann noch einer, er heißt Soundso, das ist doch ein jüdischer Name, dabei hätte es ein Name von überallher sein können. Doch sollte der Fleischer Jude sein, so mochte es den Leuten gefallen, so wollten sie sich einen Reim auf die Traurigkeit in seinen Mundwinkeln machen, die am Ende auch nur Spott sein konnte, und auf das Zittern seiner Hände um die Geldscheine, und auf den einsamen Vater des Fleischers, der auf einem großen Fahrrad durch das Dorf radelte und kleinen Geschäften nachging.

Nach einigen Tagen des Trunkes befreite sich der Fleischer wieder aus Rausch und Seligkeit. Er sperrte den Laden auf, lächelte sein schiefes kummerscheues Lächeln in die Straße hinein und trat hinaus auf den Weg, wo ein Wagen wartete, beherzt nahm er den Fleischbrocken, der ihm aus dem Dunkel des Wagens gereicht wurde, er schulterte die Tierflanke, aus der Knochen staken, wie lose Zähne in einem alten Mund, und trug sie in seinen Laden.

TURNU

Vom jüdischen Friedhof am Rand von Battonya sah ich zum ersten Mal in weiter Ferne die Berge, jenseits der Grenze. Sie sahen zart aus, als hätte sich ein zerrissener Schleier an den Horizont verirrt, oder als hätte sich ein Traum aus den Ebenen dort hingerettet und an den Himmel geheftet. Wenige schenkten der Erscheinung Beachtung, höchstens in einem beiläufigen Nebensatz, in dem sie das Wetter begutachten oder vorhersagen wollten.

Heute sieht man die Berge, da wird es wieder kalt, sagten manche, und andere sagten: Heute sieht man die Berge, es gibt Regen.

Kaum jemand in Battonya machte sich je auf den Weg über die Grenze, weder der Städte noch der Berge wegen. In all ihrer Unsichtbarkeit, ihrer unscheinbaren Verstricktheit in Gräser, Tümpel, Haine und Hundsrosenbüsche mit furchigen roten Beeren an den dornigen langen winterstarren Zweigsträngen war die Grenze ein Wall, der sich vielleicht nur mit Anlauf und aus der Fremde überwinden lässt, oder mit einer großen Gelassenheit gegenüber den Unbilden der Geschichte.

In Battonya sprach man gern von den Dingen, die fehlten. Zwischen langen Schweigepausen öffnete sich plötzlich ein Quell der Worte über Vergangenes, Verschwundenes, Niedagewesenes. Das Leben auf der Ebene war ein Leben in Ermangelung von Bergen, Seen, Meeren, die Abgelegenheit der schlammigen Straßen gestreift von Erscheinungen flüchtiger Gäste, verirrter Zufallsbesucher, denen man nachsann und über die man spekulierte. Wo ich auch hinhorchte, die Namen für den Mangel flossen, sprudelten strömten, wurden zu einem Fluss, der zwischen den Thekenstehern, den Fensterguckern und den Eckenwärtern schwappte und gluckste, jeden Sinn aus den immerselben Worten wusch, dem kleinen Bestand der Erzählscherben, die man sich aus Gesehenem, Gehörtem und Geahntem herausgebrochen hatte und über die Kneipentheken, Fensterbänke und den Boden der Gehsteigecken zuschob, hin und her, bis nichts mehr blieb als die Leere unter dem ungeheuren Himmel.

Ich wollte mich in dieses nahe Andersland aufmachen, sehen, wie dieses Hierunddort oder Hieraberdort auf der anderen Seite erschien. Auf dem Weg zur Grenze begann es zu regnen. Der Wind schlug mir den Regen mal ins Gesicht und mal in den Nacken. Papiere, Papiere!, riefen die Grenzer im bläulichen Scheinwerferlicht. Ich musste das Innere meiner Taschen nach außen kehren, trockene Erdkrümel fielen heraus. Hinter der Grenze lag Turnu, eine Zweikircheninsel in grausumpfigem Land, mit Wintergras und struppigen Hainen, schmalen Wassergräben, Schilfgras, Wasserlachen voller Himmel. Am Straßenrand liefen nasse Hunde, und im Straßengraben lagen die Körper totgefahrener Hunde. Die Hunde am Straßenrand liefen zielstrebig, aber hoffnungslos. Sie liefen um zu laufen, um ihren Hundetrab nicht zu verlieren oder aufzugeben und in diesem Trab ihrer Lebendigkeit eingedenk zu bleiben.

Eingangs des Ortes klopfte ich ans Fenster eines Geldwechslers. Ein Mann schob die Hand aus dem Fensterspalt, ich sah sein Gesicht nicht. Die Hand verschwand mit den Geldscheinen. Das Fenster blieb offen. Ein Kind sang in der Tiefe des dunkelgrauen Hauses, eine Frau lachte. Eine Tür fiel zu. Die Männerhand schob sich heraus, jetzt lag anderes Geld darin. Ich nahm es und ging, das Fenster schepperte, als es geschlossen wurde.

Abseits der Grenzstraße leuchteten die Friedhofskreuze so weiß, dass der ganze Friedhof hell über dem Regenland schwebte. Ein Begräbniszug kroch durch den Schlamm des Feldwegs. Der Pope hatte den Ornat geschürzt, darunter staken seine Beine in hohen Gummistiefeln. Auf einem kleinen Pferdewagen ruhte der Sarg. Eine Fahne versuchte im nassen Wind mit schweren Bewegungen zu flattern. Das Pferd war klein und dick, die Trauergäste mussten nachhelfen und schieben. Eine Kapelle spielte, die Klänge aus den Blasinstrumenten stießen im Regen schief aneinander.

Ich wartete auf einen Bus. Neben mir stand ein kleiner gedrungener Mann mit einer schweren Tasche. An der Grenze hatte man ihm den Übertritt verwehrt. Er zeigte mir einen zerknitterten Busfahrschein. ›Craiova – Torino‹ stand in hellroten Buchstaben darauf. Aber er war nur bis Turnu gekommen und musste wieder zurück. Im Regen schien seine Tasche immer größer zu werden. Ich schaute ihn von der Seite an, erwartete, ihn weinen zu sehen. Doch er weinte nicht, schaute nur auf seinen Fahrschein und knüllte ihn ein wenig zusammen, glättete ihn aber gleich wieder. Kein Bus kam, er streckte die Hand aus und hielt ein Auto an.

Nach Arad, sagte er, als hätte er sich in ein Taxi gesetzt, und lud mich mit einem kurzen Nicken ein, auch einzusteigen. Der kleine Mann aus Craiova setzte sich auf den Vordersitz, ich mich auf die Rückbank. Das Auto gab laute

Geräusche von sich, die jedes Gespräch erstickt hätten, wäre eines aufgekommen. Hinter Turnu begann ein großes Niemandsland. Schafherden standen mattfarben wie die Landschaft im Regen. Der Wind ging über das helle Ried, Gras legte sich flach an die Erde.

Mitten im Niemandsland stand ein mehrstöckiger Wohnblock. Je näher ich kam, desto mehr schien es mir, als sei ein Stück aus einem anderen Land, etwa dem meiner Kindheit, herausgebrochen und hier grob und unbeholfen in die Erde gesteckt worden.

Ich will hier aussteigen, sagte ich.

Der Wind hatte sich gelegt, der Regen war dünn geworden. Auf dem Dachfirst des Blocks drängten sich Tauben aneinander. Zwei gedrungene Pferdehinterteile ragten aus einem Unterstand zwischen Straße und Haus, große pelzige Pocken saßen auf den runden Flanken. Ein Hund bellte. In einem langen Schuppen lag Brennholz geschichtet, die Axt steckte im Hauklotz. Die Tür des Hauses stand offen. Im Treppenhaus roch es nach Katzen, kalter Nässe, kaltem Rauch. ›Treppenschacht‹, war ein Wort, das mir einfiel, ein weit zurückliegendes Wort, das nach säuerlichen Speisen roch, doch das hier war ein Schacht, aus dem in großen Kübeln der Winter geschöpft und draußen vor die Tür geschüttet wurde und die Ebene überschwemmte.

Von oben drangen eintönige Stimmen, ein gleichförmiges Gemurmel, als läsen müde Menschen ein ihnen fremd gewordenes Gebet, das bei aller Fremde doch die hohle Vertrautheit der Laute behalten hatte. Aus einem Treppenhausfenster nach Norden sah ich das Land blass unter dem Wind liegen. Schuppendächer ragten schief und quer über den furchigen Hofschlamm. Ein paar Tauben stießen im Schwung nach unten. Eine halbe Treppe weiter oben stand ich vor einer Wohnungstür, verzogen, blassgrün wie das Geländer, mit einem Spion auf Augenhöhe. Am Himmel breitete sich dünnes Rot über die Wolken, die sich fast ausgeregnet hatten, warf seinen Schein um die Strommasten, die in Reihen zum Horizont strebten, über die Ölpumpen, über eine Schafherde. Die Landschaft war völlig dem Himmel unterworfen. Die Ölpumpen arbeiteten stetig, jede für sich in einem anderen Rhythmus, Maschinen, die sich selbst genug waren. Am Horizont zeichnete sich eine große Fabrik ab. Sie lag zwischen Himmel und Erde, ein eckiges Riesengeschöpf mit blassen Schloten, die schwiegen. ›Das Werk‹ dachte ich, dieses Wort hatte ich seit meiner Kindheit nicht mehr benutzt. Damals sagte man ›das Werk‹, dorthin radelten die Männer im Morgennebel mit abgeschabten Taschen, in denen sie ihr Frühstück und ihr Mittagbrot brachten, dort ertönten zum Mittag die Sirenen, und dort brannte es einmal, an einem Sommernachmittag. Aus den oberen Fenstern in unserem Haus sah man in der Ferne die Flammen und die hin- und hereilenden kleinen Gestalten, die löschen und bergen wollten. Später war die ganze Gegend in Rauch gehüllt. Noch tagelang ließen sich rußige Flocken auf Wäschestücken nieder, die an den langen Leinen in den Höfen hingen, zwischen Häusern, die aussahen wie dieses, in dem ich jetzt saß. Es waren dreigeschossige Häuser, die Fenster saßen haargenau übereinander, drei Fenster rechts, drei Fenster links, in der Mitte die Eingangstür mit Vordach, darüber die schmalen Fenster des Treppenhauses. Doch hier stand das Haus einzeln, ein Versprengtes aus einem Verbund, wie er zu jedem Werk zu gehören pflegte, ein Einzelner ohne Seinesgleichen und deshalb auch ohne Hof mit

Wäscheleine, hier hing die Wäsche schwer vom Regen vor den warzigen Pferdehintern und dem offenen Schuppen mit nassschwarzem Brennholz. Ein Kind stand allein unter dem Vordach des Schuppens, vielleicht das einzige Kind hier, das an stillen Morgen vor dem Haus im Kreis lief, immer vor sich hin, und in die Ferne nach den schweifenden Kinderbanden lauschte, wie sie bei uns zwischen den Häusern und durch die Höfe gezogen waren.

Jemand kam die Treppe hinauf. Ein Mann mit einem steifen Rücken, er sah müde aus, fast abgehärmt. Das Gemurmel war verstummt. Ich schaute hinauf zu dem oberen Stockwerk. Über das Geländer gebeugt sah ich die Gesichter von drei Frauen mit schwarzem Haar. Die Murmler, dachte ich. Zwischen ihnen und mir lagen Stufen aus ausgetretenem Beton, ein Eisengeländer aus zwei Rohrläufen, mattgrün gestrichen mit bloßen Stellen, wo der Anstrich abgeplatzt war, kleine Rostkränze wuchsen um diese Flecken. Die drei Gesichter riefen mir etwas zu, ihr Ton klang fordernd, als sie sahen, dass ich nicht verstand, wechselten sie die Sprache. Was willst du hier, sagten sie auf Ungarisch, jede einzeln. Ich drehte mich um und sah, dass der müde Mann die Tür hinter mir geöffnet hatte und im Eingang verharrte.

Komm herein, sagte er, und winkte mit einer Hand. Im Treppenhaus darf man nicht lungern.

DAS WERK

Früher haben alle im Werk gearbeitet. Alle in diesem Haus, auch alle aus der Umgegend. Jeder wünschte sich, in diesem Haus zu wohnen, weil es dem Werk am nächsten lag.

Einem Fremden könnte es so vorkommen, als sei das Werk weit entfernt. Doch diese Entfernung ist nichts, es ist Nähe verglichen mit den Entfernungen, die andere zurückzulegen hatten. Man sieht es von weither, aus der Stadt Arad, und von den Hügeln hinter Arad. Es ist das größte Werk weit und breit. Für jeden gab es Arbeit.

Was wir herstellten und anfertigten, haben wir nie gefragt. Es änderte sich wohl auch. Immer wieder neue Gerüche, neue Geräusche, neue Materialien, die uns durch die Hände gingen. Wir hatten unsere Aufgaben, und damit fühlten wir uns wohl. Unsere Aufgaben wurden uns mit der Zeit zur Neigung. Jeden Tag legten wir den Weg zurück, hin und her, ein schmaler Pfad durch das Brachland. Beim Hinweg wie beim Rückweg hatten wir sommers die Sonne im Rücken, in der dunklen Jahreszeit sahen wir die Sonne nie, höchstens als einen schmalen bunten Streifen am Horizont. Stolpernd suchten wir den festen Boden des Pfads durch das sumpfige Land, zwischen den sirrenden Strommasten hindurch und an den Ölpumpen vorbei.

Die anderen hatten den Vorzug auf der Straße zu gehen, für einige kamen sogar Busse, aber dafür hatten sie einen weiteren Weg, und manchmal stellte ich mir vor, wie das

Werk für sie ein so kleiner Schatten am Horizont sein musste, dass sie sich fragen mochten, ob sie wirklich in diesem kleinen Spielzeugschatten ihren Tag verbracht hatten.

Lange hieß es, dass sich zu unserem Block noch andere gesellen sollten. Es gab Gerüchte, die von einer großen Siedlung hier sprachen, dabei ist es ja Sumpfland. Der Boden hier trägt nicht viel mehr als eine Ölpumpe oder einen Strommast. Ich stelle mir gerne vor, dass unser Block allein auf einem unsichtbaren Stein ruht, der unter einer Schicht Sumpfland bis in die Mitte der Erde reicht.

Wir haben hier nie viel von der Welt mitbekommen. Das Werk war unsere Welt, und die Ereignisse zwischen uns Arbeitern erfüllten uns. Wenn unsere Hände einander unversehens streiften, unsere Augen sich begegneten, wenn es zu kurzen heftigen Wortwechseln kam, weil jemand eine Handreichung versäumt oder falsch ausgeführt hatte, wenn die Gleichmäßigkeit unseres Handelns unterbrochen wurde, nur dann geriet etwas in uns in Wallung und Bewegung.

Auf dem Weg zum Werk und zurück in den Block schwiegen wir. Wir kannten einander, an den wenigen freien Tagen standen wir auch gemeinsam draußen auf dem Vorplatz. Dann blinzelten wir in die Sonne und schauten hinüber zum Werk, das uns an diesem Tag verschlossen war. Wir sprachen jedoch selten miteinander, als wäre das mit unserer Arbeit unvereinbar.

Auch als die Umwälzungen kamen, merkten wir erst wenig davon. Ringsum brandete Unruhe, wie heute jedermann weiß, doch hier, auf dieser von allen Seiten her einsehbaren Ebene, war es still. Es war Winter. Das Sirren der Strommasten zitterte dünn und hoch über der ganzen Ebene. Es war so kalt, dass manchmal Vögel erfroren aus der Höhe herunterfielen. Irgendwann blieben die Arbeiter aus den ferner gelegenen Orten aus. Gerüchte kamen auf. Im Werk bekamen wir immer spärlichere Lebensmittelrationen zugeteilt. An manchen Tagen fehlte das Brot. Etliche wollten die Arbeit niederlegen. Manche verließen das Werk, unterbrachen die Arbeit mitten in einem Vorgang, als hätte sie der Unmut ganz plötzlich überfallen wie ein Fieber, sie legten ihr Werkzeug nieder und gingen hinaus. Unsere Aufseher schwiegen.

Eines Tages hörten wir Schüsse aus der Ferne. Eine Stimmenwoge, die hin und her schlug, doch kaum näher kam. Auch wir aus dem Block wussten, dass nichts mehr so sein würde, wie wir es gewohnt waren. Wir wurden alle nach Hause geschickt. Eine Handvoll Leute, die an anderen Orten wohnten, kamen mit uns. Sie hefteten sich einfach an unsere Fersen und ließen sich hier nieder. Im Schatten der Ereignisse erschlichen sie sich das Wohnrecht in unserem Block.

Kurz darauf schloss das Werk. Es blieb lange geschlossen. Dann hieß es endlich wieder: Zurück an die Arbeit! Auch wenn wir nicht darüber sprachen, wir konnten es kaum erwarten, wieder in die großen Hallen einzuziehen und zu tun, was wir so lange getan hatten, was der Inhalt unseres Lebens gewesen war. Doch das Werk war tot, wir sahen es schon bevor wir unsere alten Arbeitsplätze einnehmen und die alten Gebärden und Handreichungen wieder ausführen konnten. Die große schöne Anlage versank in Verwahrlosung. Herausgezerrte Maschinenteile verrosteten in rötlichen Wasserlachen. Fenster gähnten dunkel, wo das Glas herausgebrochen war. Der Wind pfiff durch die Hallen und trieb Laub, Schmutz, Reisig, Papierabfall über den Boden. Es war ein jammervoller Anblick. Wir brachten nichts zuwege, auch als die Werkzeuge notdürftig hergerichtet und Maschinen in Gang gebracht waren. Schließlich schickte man uns wieder nach Hause und verriegelte die Tore. Das müde Stampfen der Maschinen begleitete uns noch auf ein Stück des Wegs, der Luftzug, der zwischen den zerbrochenen Fenstern hin- und hergesaust war, fuhr uns noch über die Haut.

Seither leben wir hier in der Erwartung einer Wendung zum Guten. Noch gibt es Hoffnung auf eine Rückkehr zu unserer alten Arbeit. Ich jedenfalls sage mir immer wieder: Man muss das Werk im Auge behalten. Damit verbringe ich meine Tage. Vielleicht gibt es noch andere, die aus anderen Richtungen das Werk im Auge behalten. Die ihre vergangenen Wege immer und immer wieder abschreiten, um die Erinnerung nicht versiegen zu lassen.

Nach der Revolution griffen auch hier die Veränderungen um sich. Vielleicht waren es die sogenannten Zugänger, die sie mitbrachten. Wer kann das heute noch sagen. Eines Tages ertönte ein Hämmern, und kurz darauf stand der Holzschuppen dort. Dann kamen die Pferde, die gerne still am Straßenrand grasen. Jemand brachte ein Schwein. Ein schnurrbärtiger Mann sammelt den Schrott. Immer mehr Fahrzeugteile häufen sich an. Eines Tages wird man das Haus nicht mehr sehen. Drei Frauen halten Hühner.

Auch die Tauben kamen irgendwann über Nacht und ließen sich hier nieder. Den ganzen Tag über steigen sie in die Luft, ziehen ihre Kreise, breiten sich über den Himmel wie eine Fahne, und kommen wieder auf den First zurück. Das Haus bebt von ihrem Gurren. Sie sehen friedlich aus, ihr Gefieder leuchtet weiß im Sonnenschein, doch es kommt vor, dass sie andere Vögel angreifen und zerreißen. Aus der Nähe betrachtet sind ihre Augen harte kleine dunkle Steine, die über den gierigen Schnäbeln glänzen. Aber die Tauben sind es, die jeder Vorbeireisende wahrnimmt, er sieht ihr Aufsteigen, ihr Kreisen, wie sie sich wiegen und wenden, dass sie im Aufsteigen dunkel und beim Herabstoßen leuchtend weiß aussehen, das bleibt jedem Vorüberreisenden haften. Früher gab es keine Vorüberreisenden. Hier war das Ende des Landes. Wir, die es tief aus dem Landesinnern, oder vom Meeresstrand hierher verschlagen hatte, sahen, dass hier das Land zu Ende war. Es gab keine Grenze, es gab nur ein Ende. Dies war der Rand. Man dachte nicht viel an das Land auf der anderen Seite des Randes. Es war dunkel wie ein Meer, aber trocken und weit, ein Kontinent ohne Namen, der durch Zufall an dieses Land stieß. Heute ist das anders. Heute sieht und hört man die Vorüberreisenden, die von drüben hierher und von hier aus nach drüben unterwegs sind. Und sie sehen den Block, die Tauben, den Schrott, sie sehen die Frauen in ihren weiten bunten Röcken, die draußen große Zuber reinigen, sie sehen den Mann, der die Pferde streichelt, das Kind, das an einsamen Morgen auf dem Vorhof des Blocks im Kreis herumläuft. Sie sehen einen Ausschnitt aus diesem Leben und machen sich den falschen Reim. Sie können ja nicht wissen, dass in diesem Haus das Leben die Zuber, die Pferde, den Schrott, die Tauben und den großen Haufen Holzklötze nur von ungefähr streift, in Wahrheit aber auf den Anblick und die Nähe des Werkes gerichtet ist. Das Werk selbst bleibt sicher den meisten Reisenden verborgen. Allenfalls gleitet es als bläulicher Schatten in ihr Sichtfeld, und dann wischen sie sich übers Auge, als störe sie etwas.

BATTONYA

Der nächste Schnee, der fiel, war anders. Ein scharfer Wind ging, erst sah man keine Flocken, weil sie so dicht über den Boden geweht kamen, als führte der Wind sie von anderen Teilen der Ebene herbei, ein dünner Hauch, der von bereits vorhandenem Schnee abgetragen wurde. Dann schneite es wie in riesigen langen Atemzügen. Unter dem Heulen des Windes bedeckte sich erst dünn der Boden, dann setzte das Schneien aus. Alle Unebenheiten hatten eine dunkle unbeschneite und eine helle Schneeseite. Wo Wäsche hing, war sie steifgefroren, und die merkwürdigen Falten, die der Eiswind hineingeblasen hatte, waren zum Teil beschneit. Dann holte der Schnee wieder Atem und fiel weiter. Die Erde wurde zugedeckt, die Zweige und Äste der Bäume trugen eine weiße Spur auf ihren Rücken. Die Männer setzten ihre Pelzmützen auf, Serben-, Rumänen- und Ungarnmützen, und alle Pelzmützen trugen eine kleine Schneedecke. So ging es tagelang. Der Schnee fiel und schwieg und fiel und schwieg. An das Heulen des Windes konnte man sich gewöhnen. Die Hunde gaben keinen Laut. Kein Vogel sang mehr. Sogar die Krähen waren stumm. Ihr Flug war scharf und eckig.

Eines Tages traf ich Attila. Er trug keine Pelzmütze, denn er war aus einer Gegend, in der man keine Pelzmützen trug. Einmal hatte er gesagt, er sei von weit her, und es stellte sich heraus, dass er aus einer Stadt im Westen des Landes war. Dort gibt es Berge, sagte er damals, als mache das die eigent-

liche Entfernung aus. Seine Augen sahen aus wie zugefro-
ren, ein trübes grünliches Blau, das sich duldsam durch den
Winter träumen wollte. Wo bist du gewesen?, fragte ich ihn,
und ich sah, wie er sich unter meinen unbeholfenen Worten
ein wenig duckte, wie zu einem Kind, oder so, als wären wir
jetzt beide zwei ratlose Kinder im Schnee.

Ich war nie fort, sagte er, ich bin jetzt Wächter in einem
großen Geflügelstall.

Wie geht es den Zicklein?, fragte ich, und Attila sagte:
Die haben wir geschlachtet.

Auf ungarisch war dieser ganze Satz *Die haben wir geschlachtet* ein einziges Wort, und dieses eine Wort fiel stumpf
durch die kalte Luft, aber da war nichts, was es hätte zerha-
cken können, es blieb nur so halbstumpf, halbscharf in der
eisigen Luft hängen, und ich wusste, dass ich es nie vergessen würde, auch nicht, wie er seine Hände, für die er keine
Handschuhe hatte, bei diesen Worten unter seine Achseln
schob, eine ganz unsinnige Geste, denn seine Jacke war von
außen bitterkalt wie der Wind und der Schnee. Im Fortgehen sah er aus, als hätte ihn sein eigenes stumpfes Hackwort
geschlagen, denn er zog den Kopf zwischen die Schultern
wie jemand in ungewisser Furcht vor einem weiteren Hieb.

Nachmittags ging ich spazieren. Ich stemmte mich unter
den Wind, der sich an endlosen Strecken Landes gerieben
und getrocknet hatte, Baumrinden, Hauswände, Dächer,
Haut schnitt und schmirgelte. Gelegentlich kam ich an den
Geflügelställen vorbei. Sie sahen aus wie niedrige Baracken,
erfüllt von einem fahlen Neonlicht und dem vibrierenden
Summen der Ventilationsmaschinen, die aus einzelnen Luken einen betäubenden Gestank nach draußen stießen. Ich
fragte mich, ob Attila in diesem Gestank stand und wach-

te, oder ob er einen kleinen Bretterverschlag außerhalb des Stalls hatte, in dem ein Stuhl Platz fand, und eine Lampe. Ob und wie es möglich sein würde, sich jemals eines solchen Gestanks wieder zu entledigen, ihn zu vergessen. Worin bestand die Wächterschaft in einer Geflügelbaracke? War er ein freundlicher Hüter über die Scharen kahlnackiger Vögel? Es würde seine Aufgabe sein, eine für den ungeübten Betrachter unabschätzbare Menge Fleisch vor dem Diebstahl zu bewahren, doch auch, keinen Vogel aus dem fetten Schwarm entweichen zu lassen. Sicher starrte er aus seiner Wächterkammer in den frühen blauen Abenddämmer und hielt Ausschau nach solchen, die nach dem Fleisch trachten mochten. Nachts benutzte er eine Taschenlampe, um verdächtigen Geräuschen auf die Spur zu kommen. Vielleicht musste er wie der Bauernsohn im Märchen beim Bewachen des goldenen Apfelbaums den Schlaf bekämpfen wie einen Feind, der ihm dabei doch Gutes wollte. Und unterdessen war er ein kleiner, einer der kleinsten Handlanger des Todes, indem er ja nur eine vorzeitige Schlachtung auch des geringsten unter diesen zu ihrem eigenen Gestank verurteilten Vögeln zu vereiteln bestellt war, damit die vorgesehene Gesamtschlachtung glatt und wohlberechnet vonstatten gehen würde. Womöglich würde der treue Wächter noch vor der Gesamtschlachtung entlassen, so dass man ihm nicht einmal ein Stück frischblutiges Gnadenfleisch auf den Lohn würde legen müssen. Ansonsten, so sagten sie wohl in den winterabendlichen trüb beleuchteten Büros, über die Zahlenkolonnen ihrer Fleischpläne gebeugt, ansonsten hätten wir uns ja einen Wächter gleich sparen können, wenn er uns jetzt das wegessen soll, was seine Anwesenheit uns gegen Lohn zu erhalten vermocht hat.

HUNGER

Die Straßen waren leer. Es gab wenig zu tun. Im Geschäft verfaulten die Karotten und Rüben, die wurmstichigen wässrigen Äpfel. An den grauen frühen Nachmittagen standen Männer in den Hoftoren und schauten hinaus auf die leere Straße. Frauen streuten Asche auf den Gehweg. Die Männer husteten und spuckten aus. Hier und da pfiffen Äxte durch die Luft und krachten in ächzendes Holz, Scheite kratzten über verharschten Schnee. In den Kneipen brannten nur wenige Lampen. Die Türen waren geschlossen, die Trinker stumm.

Der Akkordeonspieler saß stundenlang vor einem Wasserglas mit Schnaps.

Dann regte er sich, und ein paar Töne rutschten aus den Falten.

Gesang für die kalte Zeit, verkündete er.

Der Hunger ist eine Kunst, die hier gehütet und gepflegt wird. Jeder hungert so gut er kann, heißt es. Man übt sich darin, indem man aus leeren Schalen schöpft und einen leeren Löffel zum Mund führt, leere Becher und Gläser an die Lippen hebt und sogar in leeren Töpfen rührt. Manche sitzen mit halbgeschlossenen Augen an ihrem leeren Tisch und atmen leise durch den nur einen Spalt breit geöffneten Mund. Die Luft fließt über ihre Zunge und wölbt sich in ihren Gaumen, und die Abwesenheit der Nahrung breitet sich in ihnen aus. Durch ihre schmalen Augenschlitze betrachten sie die Welt, die dann das Aussehen eines kleinen, einzig und allein ihrem Augenpaar offenbaren Gemäldes mit verfließenden Rändern bekommt. Andere betreiben ihre Übungen liegend, mit geschlossenen Augen, während ihr Mund sich öffnet und schließt, die Lippen immer wieder nach Luftstücken greifen und langsam einsaugen. Alle Übungen dienen dem Herzenshunger, eine erstrebenswerte Fertigkeit in einem Landstrich der Entbehrung. Die Herzenshungerer haben die Anfänge des Hungerkünstlertums längst hinter sich gelassen. Ihnen ist das Hungern zur Natur geworden, in der Leben und Kunst verschmolzen sind, während andere davon träumen, dass ihnen jemand über Stirn oder Augen streicht und, sei es auch nur für die Dauer dieser Geste, die Gewissheit gibt, dass es der Mangel ist, der sie leben lässt, und der Wunsch einer Wahrheit näherkommt als die Erfüllung.

DER ZAUN

Das ist der große Winter bei uns, sagte Todor, wenn ich ihn traf.

Wochenlang bereitete er sich auf eine Schweineschlachtung vor.

Als das Schwein geschlachtet war, zählte er die Würste auf, die sie gestopft, die Seiten, die sie zerteilt, das Blut, das sie in Gefäßen aufgefangen hatten.

Aber wer soll das alles essen, sagte er gleich darauf bekümmert. Wir sind doch alt.

Er zeigte mit der Mütze auf seine Frau, die in der zugigen Unterküche die von den Fleisch- und Sehnenfetzen und Knochensplittern befreiten Geräteteile blankwischte.

Wir sind nicht mehr jung, sagte sie und lachte, sie lachte immer, aber ihre Augen waren vom vielen Lachen erschöpft.

Der Wind drehte sich oft, trieb die Wolken hierhin und dorthin, von grau zu rosa, von violett zu braun, türkise Wolkenlumpen winkten aus großer Höhe, der Schnee schmolz und gefror, es schneite wieder, es roch nach Holzrauch und manchmal beißend nach brennendem Kunststoff, so reinigte man hier die Schornsteine.

Nachts sangen Vögel, mitten in der Nacht, in bitterer Kälte, Zeisigwolken schwärmten durch die Tauwetterluft, und die Katzen betteten ihre Beute vor meine Tür, kleine bauschige Vögel, grün und gelb. Eines Tages fand ich einen einzelnen Schmetterlingsflügel auf dem Schnee vor meinem Haus, ein Pfauenauge.

Ich ging spazieren, in immer größeren Kreisen um den Ort, lernte das Rauschen der Windrichtungen zu unterscheiden, wie es sich um das Sirren der Telegraphenmasten legte, wie es das Gebell ferner Hunde trug, ich ging und fragte mich, wann ich die Grenze streifte, überschritt, verließ, ich lernte die Leere, in der meine Erinnerungen klein wurden bis zur Unkenntlichkeit. Geh such den Wind auf dem Feld, sagt man in irgendeiner Sprache, die vergeblichste Suche.

An einem Nachmittag sah ich Rozalia an der Bushaltestelle. Sie drückte sich mit zwei anderen Frauen in die Ecke unter dem Vordach und rauchte. Neben ihr stand ein kleiner Koffer.

Vorhänge gut?, rief sie mir zu, als könnten Vorhänge erkranken oder verderben, wie ein Tier oder eine Wurst.

Die drei Frauen hatten Arbeit in einem anderen Ort bekommen. Sie würden vom frühen Morgen bis zum Abend in einer Fliesenfabrik Scherben aufkehren.

Drei Frauen, nur für die Scherben!, rief sie, als der Bus kam. Sie winkte hinter dem Fenster, ein Kind mit großen Zahnlücken, das weggeschickt wird.

Abends war der Asphalt der Dorfstraßen nass von geschmolzenem Schnee oder Regen, das Licht der Straßenlaternen spiegelte sich darin, und ich dachte an den Winterabend, an dem mein Großvater überfahren wurde. Es war kalt und dunkel, meine Mutter hielt meinen Vater wie eine Puppe, jemand sagte: Er ist tot, und ich dachte, es gehe um meinen Vater.

Jahre später zeigte mein Vater uns die Unfallstelle, wir fuhren langsam daran vorbei, hinter uns hupte jemand, es war Abend, die Straßenlampen warfen weiße Flecken auf die Pfützen.

Wir dürften nicht zum Begräbnis, kleine Kinder, die wir waren, und saßen allein im kalten Licht der Küche, in der Obhut von Fremden. Du musst weinen, sagte meine Schwester, wenn du nicht weinst, hast du ihn nicht geliebt, da musste ich lachen.

Attila arbeitete jetzt am jüdischen Friedhof. Das Bürgermeisteramt hatte ihm einen blaugrünen Arbeitsanzug geschenkt, wie ihn viele Männer hier trugen, und ihn mit Ausbesserungsarbeiten betraut. Die alten Lücken im Zaun sollten geschlossen werden. Attila befestigte den Maschendrahtzaun wieder an den Eisenpfosten, dazu kam noch ein Stacheldraht. Der Stacheldraht lag in großen Rollen im halbverschneiten Wintergras.

Lass mir eine Stelle offen, sagte ich zu ihm, sonst kann ich nicht mehr auf den Friedhof.

Was willst du hier auf dem Friedhof?, fragte er. Hast du hier etwa einen?

Er streckte die Hand flach aus, zwischen den Fingern qualmte eine Zigarette, während er mit der Handfläche über den Anblick des verbliebenen Häufleins von Grabsteinen strich.

Darauf wusste ich nichts zu sagen.

Eine Stelle blieb offen, am hinteren Ende des Zauns, dort war der Draht nur übereinandergeschoben. Ein Zettel hing zwischen den Maschen, damit ich die Lücke fand, der Zettel war leer.

ARAD

Ich nahm den Zug nach Arad. In den Abteilen saßen Frauen, die am Morgen große schwarze Säcke mit Zigaretten nach Ungarn gebracht hatten und jetzt Fleisch zurückschafften, große Kartons mit gefrorenen Truthahnteilen. In den Zugtoiletten rissen sie die Kartons auf und stopften die nackten Vogelstücke in die schwarzen Zigarettensäcke. Sie saßen auf ihren Sitzen, hielten die Säcke zwischen die Beine geklemmt, rauchten und lachten. Auf dem Bahnhof in Arad quietschten und scharrten die Züge auf allen Gleisen. Die Leute schoben einander hin und her, auf die Bahnsteige, durch die Türen, in die Züge, aus den Zügen, mit Körben, Kindern und Koffern, viele Männer mit hohen Pelzkappen, die Frauen mit wollenen Kopftüchern, die Kinder mit grellbunten Mützen und Handschuhen. Es roch nach Bratfett und Urin. Die Sonne schien tief und grell in die Fenster der Bahnhofshalle. Staub hing in der Luft und die Spuren von zertretenem Schnee glänzten auf den rissigen Bodenplatten. In einem Seitenflügel schwankten Männer und Frauen um ihre Flaschen und riefen einander mit schiefen schwerzüngigen Stimmen einzelne Worte zu. Alle ihre Rufe waren kurz, ein, zwei Laute, die sich in der Luft ineinander verschlangen, aneinander hängenblieben, an den Fenstern und den bekritzelten Wänden klebten. An der Wand lag ein Mann in einem grünen Anorak. Er war groß und dünn. Die Sonne schien auf sein Gesicht wie auf kaltes Wachs. Sogar die Bartstoppeln sahen aus wie aus Wachs. Vielleicht lebte er nicht mehr. Man hielt Abstand zu ihm, zwei kleinwüchsige Polizisten kamen, machten sich an seiner Jacke zu schaffen und suchten nach einem Ausweis.

Vor dem Bahnhof lag der alte Schnee in großen Haufen, dazwischen Pfützen vom geschmolzenen Schnee, die am Abend zufrieren würden. Der eine oder andere würde auf den Pfützen ausrutschen und zu Boden stürzen, vielleicht sich Hand oder Kinn aufschlagen, vielleicht in trunkener Schwere liegenbleiben, bis ihm die Kameraden aus der Bahnhofsvorhalle aufhelfen oder ihn in ihr Obdach schleifen würden. Die Kinder mit den bunten Mützen würden indessen irgendwo an ihr Ziel gelangt sein, womöglich würde auch der wächsernstopplige Mann, wenngleich noch etwas benommen, zu neuem Leben erweckt, zwischen seinen Genossen sitzen, denn in der Gemeinschaft ihrer Mäntel und Jacken und Mützen würde es ihnen allen in diesen doch immer noch bitterkalten Nächten wärmer sein.

Abseits des Eingangs wurden Geschäfte geführt. Männer redeten, feilschten, ballten die Fäuste und spuckten vor ihren Lieferwagen aus. Eine Frau mit langen Röcken trug einen Korb mit Hemden in schimmerndem Zellophan. Vor ihr schritt ein junger Mann mit Schnurrbartschatten in dem weichen, dunklen, unsicheren Gesicht, vielleicht ihr Sohn. Er balancierte zwei Hemden auf den leicht vorgestreckten Armen, ein gelbes und ein rosafarbenes Hemd, und bot sie den Passanten in leisen Worten zum Kauf dar. Die Mutter fiel ein und pries die Hemden mit klagender Stimme an, als dauerte sie ein jeder, der kein solches Hemd besaß oder besitzen wollte. Die Passanten beachteten sie nicht oder wichen ihnen aus. Nur eine Frau, der man ihre große Armut ansah, fand

Gefallen an den Hemden, sie wollte das Zellophan berühren und unter ihren Fingern knistern lassen, aber das war den Hemdenverkäufern auch nicht recht, und die Frau mit dem Korb scheuchte die Interessentin mit dunklen Blicken und ein paar rauen Worten davon. Zwei Männer, die auf einem Absperrblock saßen und in der dünnen Sonne einen Kaffee aus kleinen Plastiktassen tranken, spuckten den Hemdenverkäufern hinterher, doch für die Abgewiesene hatten sie auch kein gutes Wort.

Ich ging unter einer Unterführung hindurch, über mir polterte der Verkehr. Busse, Lieferwagen, dazwischen niedrige Fuhrwerke mit kleinen furchtlosen Pferdchen, die gewandt zwischen den Autos trabten. Unter der Unterführung hingegen war es sehr still, und die Sonne schnitt scharfe Schatten auf der anderen Seite.

Am Ende einer stillen gestrüppigen Straße gelangte ich zum jüdischen Friedhof. Aus dem Schatten des Tors trat mir eine schwere Frau entgegen, sie war sehr blond und hatte etwas Militärisches an sich. Jeder müsse Eintritt bezahlen, der hier keinen Angehörigen zu betrauern habe, erklärte sie so barsch, dass man ihr die Lust an der Anordnung anmerkte, die sie vielleicht sogar selbst ersonnen hatte.

Eine Frau erschien zwischen grauem Gräbergesträuch im Hintergrund und trat mit einem großen Schritt zwischen mich und die blonde Bewacherin. Sie kenne mich, beteuerte sie unvermittelt, und wisse Bescheid über meine Gräber, wie sie sagte. Die Blonde ließ mich eintreten.

Die Frau, die für mich ihr erfundenes Wort eingelegt hatte, hieß Eva. Eva begleitete mich über den Friedhof und erklärte mir die Gräber. Sie hatte ihr Leben in Arad verbracht und kannte fast jeden Namen. Das war mein Englischlehrer, sagte sie am Grabe eines Mannes mit einem wohlklingenden Namen. Professor Soundso stand auf dem kleinen flachen Grabstein. Der verstorbene Englischlehrer hatte einen Buckel gehabt und eine Schwäche für runde Mädchenknie, die er unter der Bank zu tätscheln suchte. Eva erzählte, und der ganze Friedhof schien voll von ähnlichen zu Grabe getragenen Leidenschaften. Es wimmelte von zurückgewiesenen, zerstörten, erschlafften Sehnsüchten, von erstorbenem Verlangen und getrogenen Hoffnungen, die sich viele Male gebläht hatten und mit jedem Verlust an Aufwind und Erfüllung schlaffer gewordenen waren.

In einem Winkel an der Mauer lag das Selbstmörderquartier. Das Gras stand hoch und gelb um die Gräblein, die zwischen den fleddrigen Winterhalmen besonders klein aussahen. Die Namenszüge waren flach und zierlos. Eine Schar verscheuchter Kinder, die für immer in der Ecke stehen müssen. Von hier aus sah man auf eine große Fabrik, die weit hinter der gegenüberliegenden Mauer des Friedhofs lag.

Das ist unser Düngemittelwerk, sagte Eva, jetzt ist es geschlossen. Dort arbeitet schon lange niemand mehr.

Sie zeigte mir das Grab ihres Cousins, der sich mit siebzehn Jahren aus dem Fenster gestürzt hatte. Aus einer Wohnung im dritten oder vierten Stock, in der Nähe des Bahnhofs und der Unterführung, die ich passiert hatte. Eva nannte seinen Namen in einer zärtlichen Koseform. Er wollte, er konnte einfach nicht leben, und so musste er sterben, sagte Eva rednerisch. Sie bog ein paar Grashalme zur Seite, zog den welken Strang einer Schlingpflanze von der Grabplatte. Man sah ihren Bewegungen an, dass ihr der traurige Cousin lieb gewesen war.

Spärliche Besucher wandelten mit welken Chrysanthemensträußen zwischen den Gräbern umher. Eva blieb bei manchen stehen, sie wechselten Worte über alltägliche Dinge, ein Kellergeschäft mit gebrauchten Möbeln zu billigen Preisen, das Gemüse auf dem Markt, die Krankheiten Abwesender, eine Theatervorstellung im ungarischen Theater.

Wir verließen den Friedhof, ich folgte Eva durch die Straßen. Die blasse Wintersonne schien noch, doch die Schatten am Boden verschwammen schon ineinander. Stille und belebte Straßen wechselten einander ab, als gäbe es Regeln dafür, so sehr still waren die unbelebten und so sehr laut die belebten Straßen. Als schliche man sich an den stillen Häuserwänden entlang, um sich dann an anderer Stelle auszufuchteln und leerzurufen, sich durchs Gewühl zu rudern und den Gefahren des in unvorhersehbare Richtungen schnellenden Verkehrs die Stirn zu bieten.

Hunde waren überall. Sie trotteten und liefen, bewegten sich wie Apparate. Sie schnüffelten an allem, ohne ihren Trott zu unterbrechen. Sie waren friedlich. Aneinander zeigten sie kein Interesse, auch nicht an vorübergehenden Menschen. Sie waren mit sich, ihrem Hunger und ihrem Trott beschäftigt, die Hungerhunde von Arad.

Zwischen Wohnblocks standen kahle Pappeln. Kinder auf Balkonen riefen sich etwas zu, ein Mann und eine Frau führten in einem Hauseingang ein ernstes Gespräch. Der Mann blickte bekümmert zu Boden. Er trug einen schwarzen Hut auf dem Kopf und einen schwarzen Anzug. Offenbar hatten die beiden eine Meinungsverschiedenheit, jedoch ohne Streit. Die Frau in einem weißen Hauskittel über den Kleidern stützte sich auf einen Schrubber, neben ihr stand ein Wassereimer. Stilles Leben in der Winterstadt.

Wir gelangten zum Fluss Mures, wo ein eisiger Wind ging. Ein Ufer lag bereits im Schatten. Man konnte sich vorstellen, wie im Sommer die heiße Luft darüber hing und die Weidenbäume graugrün und müde rauschten. Spazierhunde sprangen auf den kahlen Auwiesen umher, sie schnappten und fauchten und bellten unbändig, während die Hungerhunde ihnen mit Sanftmut aus dem Weg gingen.

Früher pflegten wir den Mures zu durchschwimmen, sagte Eva. Immer hin und her. Dabei kann der Mures ein sehr reißendes Gewässer sein mit vielen tückischen Strömungen und Strudeln. Die Ausdauer beim Durchqueren des Flusses, bei diesem Hin und Her mit kurzem Abschlagen am weichen Ufer, die war es, die uns als junge Leute begehrenswert machte. Je größer die Ausdauer, desto begehrenswerter, das war die Regel. So verbrachten wir viele Sommertage, mit den leidenschaftlichen Durchquerungen des Mures, die eigentlich einer anderen Leidenschaft galten, doch diese dabei erschöpften und ermüdeten, bis wir kraftlos aus dem Begehrtsein sanken, vom Fluss ausgelaugte Schatten unserer selbst.

Über den Mures führte eine Brücke. Bei jedem Auto, das auf die Brücke fuhr, ertönte ein dumpfer lauter Schlag, der ganz kurz nachschwang und jedem Passanten einen kurzen Nackenhieb versetzen musste, selbst den abgebrühtesten, die wohl jeden Tag hierher kamen und irgendeiner abwesenden Zeit nachhingen, im Winter den lauen Sommerabenden, im Sommer den blaudunstigen Wintertagen und dem glitzernden Raureif an den Weidenbäumen.

Hier haben sie einen erschossen, sagte Eva mit gleichmütigem Ton, und zeigte auf eine Tafel an einem Baum unterhalb der Brücke. Damals, in der Revolution, als der Hunger so groß war, da haben sie von hier aus einen Bäckereifahrer erschossen. Eva zuckte mit den Achseln. Damals hielten wir ein Schwein im Schuppen im Garten, und der Winter war so kalt, dass der Hund des Nachbarn erfror.

Eva führte mich vom Fluss fort durch schmale Straßen auf einen Platz im Dämmer. Tauben drängten sich unter den Vorsprüngen eines Denkmals zusammen. Straßenbahnen bogen um eine Kurve, die bereits im Dunkel lag. Manche Fenster waren erleuchtet. Wir gingen in eine kleine Cafeteria hinter beschlagenen Scheiben. An zwei Tischen saßen nur Frauen, an weiteren zwei Tischen nur Männer. Alle blickten erwartungsvoll zur Tür. Hinter der Theke mit schrumpligem Gebäck lehnten zwei Mädchen an einer verspiegelten Wand. Gläser mit Tee und kleine Kaffeetassen dampften vor den Gästen. Eva zeigte auf eine schwere Frau mit einem Turban aus mehreren Tüchern. Das ist meine Cousine Ibi, sagte sie. Sie verwickelte Ibi in ein langes Gespräch. Zwischendurch erklärte sie mir leise, dass Ibi einen Liebhaber habe, den sie aber vor allen Besuchern verberge. Wenn ich es nicht so genau wüsste, hielte ich es für ein Gerücht, sagte Eva.

Ibi hatte eine ausladende Unterlippe und wässrige blaue Augen. Wie eine stramm gewickelte Puppe saß sie halb auf dem Stuhl, halb an die Wand gelehnt, in etliche Schichten Kleidung eingerollt. Als hätte sie jemand dort abgestellt. In der Hand hielt sie einen schwarzen Stock. Die Worte fielen aus ihrem Mund auf die dicke Unterlippe und verloren sich dann im leichten Dunst des Raums. Ibi war freundlich, aber schläfrig. Sie machte die Augen klein.

Es war jetzt dunkel, die Straßenlaternen brannten. Der Platz war mit Stille zugedeckt. Nur an einer Stelle streifte ihn die Straßenbahn, die ab und zu leise klingelte. Auf dem

Schild über der Fahrerkabine stand ein Zielort angeschrieben, der in einer gänzlich fremden Gegend lag, ja sogar in einem fremden Land, weit von Arad, von diesem Platz, von allen diesen Straßen und Haltestellen.

Diese Straßenbahn war ein Geschenk der Gemeinde Soundso. Ibi schob diesen Satz über ihre Unterlippe in den Raum. Jeder spann nun seine Worte über Geschenke und Straßenbahnen in eine andere Richtung und ließ sie dann fallen, sie versickerten langsam in den Ritzen zwischen den kleinen quadratischen Bodenfliesen, und draußen war es Nacht. Ibi erhob sich schwer aus ihrem Halbsitz und schwankte ein wenig an ihrem Stock.

Komm, sagte Eva, wir bringen Ibi nach Hause, die Straßen sind voller Löcher.

Wir begleiteten Ibi und setzten wie sie langsam einen Schritt vor den anderen. Ibi tastete mit ihrem Stock den Gehsteig nach Löchern ab. So wankten wir den Platz entlang und tauchten in die dunkle Gasse, aus der die Straßenbahn gekommen war. Ibi wohnte in einem großen alten Eckhaus mit vielen Fenstern. Wenige waren erleuchtet. Durch eine kleine dunkle Tür trat man in den engen dreieckigen Innenhof. In einer Hütte lag ein Hund, er knurrte beim Geräusch der Tür und schleifte seine Kette heraus. Er bellte, bis eine junge Frau den Kopf aus der Tür neben dem Hundezwinger steckte. Hinter ihr lief ein Fernseher, ein Kind schrie, es roch nach saurer Suppe.

Ach, die Ibi, sagte die junge Frau, und der Hund schwieg.

Wir stiegen mit Ibi die Treppe hinauf zu ihrem Geschoss. Ibi und Eva murmelten miteinander, während sie die Treppe hinaufstiegen. Beide waren bald außer Atem. Ibis Wohnung lag auf dem zweiten Stock. Auf jedem Stockwerk lief ein Korridor außen an der Hofwand entlang, von dem die Wohnungstüren abgingen. Hier und da hing steifgefrorene Wäsche an der Leine. Ein Kinderkleidchen ächzte, als ich daran stieß. Vom Außenkorridor blickte man auf die riesige schwarze Tür der Synagoge, die in diesem Hof verborgen war. Über der Synagogentür stand dunkel zerklüftet das zerbrochene Glas eines Fensters. Ich stellte mir vor, wie der Schnee zwischen den Zacken in die Synagoge gefallen sein musste.

Über dem Hof hing der Winterhimmel. Er war dunkelblau und trug ein paar Sterne. Eine späte Straßenbahn knirschte draußen über die Straße.

STADT

Die Nächte füllten sich mit dem rasenden Gebell angeketteter Hofhunde, denen der Winter die Wut gewetzt hatte. Rastlosigkeit machte sich breit. Ich fuhr in die Stadt, durch das wassergraue Ödland, in dem vereinzelte Vögel stakten, und über die flutende Tisza, die bis an den Rand der Deichkronen schwappte. Auf den Deichen saßen Menschen und zeigten einander das düstere Wasser, das ihre im Schatten des Deiches gelegenen Garagenreiche bedrohte. In Budapest studierte ich die Fahrpläne nach Westen. Ich betrachtete die Tafel am großen Bahnhof der Stadt. Klackend schoben sich die Namen und Abfahrts- und Ankunftszeiten weiter nach oben, weiß auf schwarz, Zielorte, Durchfahrtsorte, Verspätungen, ein Zug nach dem anderen fuhr ab und ich stieg nicht ein. Ich trieb mich in den grauen Straßen herum, roch den feuchten Staub der Mauern, hörte die Flüche der Betrunkenen, nachts das Klappern der Mülltonnen, die flüchtenden Schritte, die mageren läufigen Katzen im schütteren Mondlicht. In den Autobussen stritten sich Paare, andere versöhnten sich, Obdachlose mit großen karierten Taschen aus Plastikgewebe nahmen mit Vorliebe neben mir Platz, immer fuhren sie bis zur Endhaltestelle am Bahnhof. Ich erinnerte mich an die Strecken, die ich früher gefahren war, im anderen Land, an die beschlagenen Scheiben der doppelstöckigen Busse im Regen, an den Dunst nasser Mäntel und Haare voller Stadtgeruch, an das verstohlene Betteln heimatloser Männer, die kaum die Sprache des Landes sprachen und sich im Fluchthaften ihres Lebens eingenistet hatten. Sie reisten auf dem Obergeschoss der Autobusse von Station zu Station und ohne Gepäck, die Habelosigkeit war ihr Vorsprung vor anderen, sie nahmen Unterschlüpfe als Unterkunft hin. Was den hiesigen Obdachlosen und den dortigen Heimatlosen gemein war, war die Hingabe an nichts als die Gegenwart, ihre stete Jetztbereitschaft, um zu überleben. Ihre Zukunft und ihre Vergangenheit lagen immer im Schatten des Augenblicks, erglänzten allenfalls im Schlaf, lagen dann in einem Licht, wie es nur Träumen eigen ist.

In der Unzugehörigkeit verwahrloste manches in mir. Ich ertappte mich dabei, dass ich die wenigen Dinge, die ich brauchte oder begehrte, stahl, um mit niemandem ein Wort, eine Geste, einen Blick wechseln zu müssen. In meinen Schritten hörte ich die Flucht, die ich nachts zwischen dem Klappern der Mülltonnen belauschte, und in meinen Armen fühlte ich die Last der billigen Taschen meiner Mitreisenden in den städtischen Autobussen. Ich dachte nichts mehr. Die Namen, die mir manchmal auf die Zunge stiegen, waren leer wie Gebete, die in der Entferntheit von Bildern leben. Hackney Wick. Kentish Town Public Baths. Springfield Park. 2a Stamford Hill, Stoller's Kosher Egg Stores. Manchmal träumte ich von Gerüchen. Vom Muff alter Hirse und bitteren Spinats im Gemüsegeschäft, dem heißen Dampfgeruch frischer Wäsche in der Bügelei, vom Seewind, der die Themse heraufwehte, und im Aufwachen dachte ich: die Zuckerfabrik, das große Tier Zuckerfabrik hinter den dunklen Böcken der Flutsperre, die aus dem Wasser ragten.

ARAD NOU

In Arad Nou blüht schon der Krokus, sagte Eva.

In Evas Straße standen kalte Pfützen um die letzten Reste der Schneehaufen, es roch nach Rauch und Kohl aus den Hinterhöfen, vor den Toren standen Untätige und blinzelten in die weiße Sonne. Auch der kleine Besitzer des Lebensmittelladens mit der Aufschrift ›Club Azur‹ lehnte sich aus dem Hoftor, als hätte er mit dem Geschäft nichts zu tun, nichts mit den schief gestapelten Kekspackungen, Milchtüten und Bierdosen in seinem Schaufensterchen. Aber er trug einen geschäftsmännischen grauen Hut, darunter eine bittere Miene.

Du kannst morgen bei mir Holz abladen, sagte Eva im Vorbeigehen zu ihm, und er nickte kümmerlich.

Eva wohnte in einem stets dämmrigen Haus, in ihrem Garten hatte den Winter über alles dieselbe dunkle Farbe, die kleinen vom Sommer verbliebenen Gestrüppe, die Schuppen, die Zäune, das Dach der niedrigen Nachbarhäuser.

Die Holzfuhre kam, die letzte für den Winter, der kleine Mann und Eva trugen die großen Klötze in den Hintergarten. Eva hackte Holz für die Holzkiste neben dem Kachelofen, sie holte aus, das Beil sauste mit großer Leichtigkeit und pfeifendem Schwung auf den Holzklotz. Beim Holzhacken erzählte Eva, wie der Hund der Nachbarn im Keller verhungert war, und wie der betrunkene Ofensetzer ihren Ofen falsch gerichtet hatte, so dass ihr Haus nie warm würde. Sie beschrieb wie der Ofensetzer und sein Sohn in jedem unbeobachteten Moment getrunken hatten, und ich glaubte ihr, denn in ihrem Haus herrschte tatsächlich eine allem widerstehende Kälte.

Neben dem Club Azur stand die alte Synagoge, stets verriegelt, voll mit Dunkelheit hinter den hohen zierlichen Fenstern. Früher hatten hier die sehr Frommen gebetet, doch die waren längst fort, beteten jetzt hinter ganz anderen Fenstern, die sie vor grellem Sonnenlicht oder bitteren Winden schützten. Geblieben waren nur die Bücher, wie Eva sagte, Kisten und Stapel und Schränke voller Bücher, auf denen sich der graue feine Staub der Gegend niederließ, er rieselte zwischen die Seiten und biss sich in das dünne Papier.

Hunde strichen zwischen den blauen Schnörkelbänken in Evas Straße herum und fuhren sich ab und zu mit Knurren an die Kehlen. Es waren beschädigte Hunde, einäugig, dreibeinig, mit Ohrstümpfen und Schwären im schmutzkrausen Winterfell. Aber sie hüteten die Straße, hatten ihren Platz hinter diesem und jenem Hoftor, unter den blauen Bänken und gelben Autos am schiefen Straßenrand.

An einer Ecke wurde langsam ein großes Gebäude abgerissen, jede Woche ein weiteres Stück, Sucher machten sich zwischen den Trümmern und Ziegelhaufen zu schaffen, ein schiefes Stück Himmel klaffte über dem Abriss, warf Licht in diese Ecke der Straße, die Schatten waren dort schärfer.

Eva klopfte an das Fenster eines kleinen Hauses. Über dem Fenster ragte ein schönes handgemaltes Schild in die Straße. Neben einer großen Schere stand ein Name in ordentlichen Druckbuchstaben, darunter: ›Kleider nach Maß und auf Bestellung‹. Der Schneider öffnete das Fenster und neigte sich aus der dunklen Tiefe seines Zimmers hinaus. Seine Augen wanderten unruhig über die Straßenkreuzung, während Eva ihm den Stoff beschrieb, aus dem ein weiter Rock für ihre Tochter geschneidert werden sollte. Die Tochter lebte mittellos in einer fernen großen Stadt unweit eines ansehnlichen Gebirges. Eva beschrieb den Rock mit Worten und Gesten, während des Schneiders Augen kreisten und zuckten, er nickte abwesend, müde Melancholie machte sich auf seinem Gesicht breit. Ja, ja, sagte er, während Eva ohne Unterbrechung weitersprach und die verschiedenen Modelle für diesen von ihr ersonnenen Tochterrock anführte, ja, ja, solche Röcke habe ich schon dutzendfach angefertigt, das ist für mich eine Kleinigkeit, bringen Sie ruhig Ihren Stoff und legen Sie ihn vertrauensvoll in meine Hände, Ihre Tochter wird einen Rock bekommen, wie er in ihrer großen Stadt sicher nicht seinesgleichen hat, bringen Sie nur den Stoff und haben Sie etwas Geduld.

Der Schneider bog seinen schlaffen, verschwitzten Oberkörper zurück in die dunkle Stube und schloss das Fenster mitten in Evas Redefluss hinein. Einen Augenblick lang war es still, dann bellten Hunde. Die letzten Einkäufer kamen vom Samstagsmarkt.

In Arad Nou, jenseits des Hochwassermures blühten schon die Krokusse, unter einem hellen Himmel strudelte das Wasser um Baumstämme und Untiefen, an der leeren Zuckerfabrik vorbei, unter einer hohen Eisenbrücke mit schwankenden Straßenbahnen.

Arad Nou war die Deutschenstadt im Schatten des Hochwasserdeichs, verwunschene Häuser mit halbrunden Terrassen und flachen breiten Stufen, die in verwunschene Gärten führten, eine Welt aus Bilderbüchern, die weit weg im Land meiner Kindheit schon vergangene Märchen gewesen waren. Winterdürre Glyzinien würgten die Säulen dieser

Hübschheit, auch in aller Verlassenheit lagen die Beete noch ordentlich unterteilt. Um die Veranden und bröckelnden Hauseingänge sammelten sich Krokuswolken in gelb, lila, weiß. Hier, weit näher am schwarzen Meer als am deutschen Wald, lag diese löchrige Scheibe abgelebter Niedlichkeit, nun von anderen gehütet und geliebt, weil sie das Herz wärmte, hinter Holunderwucherungen und dem kahlen Gestrüpp des Sommerflieders, zwischen dem strudelnden Muresfluss und der brausenden Ausfallstraße nach Timisoara.

Hinter der Deichmauer knackten Holzsucher Zweige und Äste gestrandeter Baumkronen, stopften Taschen und weiße Plastiksäcke voll, für die kalten Nächte die noch zu erwarten waren. Die Straßenbahnen ächzten über die Eisenbrücke, Hunde schlugen an, wo Häuser bewohnt waren. Ein alter Mann stand vor seinem ordentlichen Schuppen in der Tiefe eines deutschen Gartens, und fügte sich mit Haut und Haar in die welken Vorfrühlings- oder Spätwinterfarben der kleinen Welt, die ihn umgab.

Mit dem Abenddämmer senkte sich eine scharfe Kühle. Hinter der Zuckerfabrik blieben noch lange helle, grünliche und gelbfarbene Streifen am Horizont hängen, während Arad Nou im großen Mund der Märznacht verschwand.

COVASINȚ

An einem dunklen Morgen stieg ich in eine geschenkte Arader Straßenbahn. Die Haltestelle hieß Soundso-Kirche, doch befand sich dort nur eine riesige Baustelle, über der eine schimmernde Kuppel hing, der strahlende Himmel für einen Tempel, den es noch zu errichten galt.

Die Sitze waren abgenutzt, über den schlierigen Fenstern und Türen hingen Schilder und Reklamen aus Deutschland. ›Fahrscheine nur beim Fahrer‹, stand auf einem Schild, obwohl man die Fahrscheine in Arad an einem kleinen Kiosk vor der Fahrt kaufen musste, der Fahrer würde niemandem einen Fahrschein verkaufen, er wollte sicher auch von niemandem um einen Fahrschein gefragt werden, und die Möbel und Autos und Versicherungen, die auf den Reklamen innen und außen an der Straßenbahn angepriesen wurden, würde man in Arad auch vergeblich suchen. Auf einer Reklame legte ein blonde Frau den Finger vor ihren Lächelmund, sie hatte ein Geheimnis, das sie den Leuten in Arad nie preisgeben würde, aber die Arader kümmerte das nicht, weil sie wussten, dass dieses Geheimnis einer Fremde und Vergangenheit angehörte, hinter der sich bereits ein Tor geschlossen hatte, als diese Straßenbahn in jenem Land der Möbel, Autos und Versicherungen aus dem Verkehr gezogen und in Arad, wo ganz andere Autos, Möbel und Versicherungen Geltung hatten, in den Verkehr geschoben wurde.

112

Auf dem Weg aus der Stadt hinaus leerte sich die Straßenbahn allmählich. Es wurde heller, der Himmel schimmerte lila, braun und türkis. Neben den Gleisen verlief eine Landstraße, über die schwere Lastwagen fuhren. Hier lagen tote Hunde und Katzen neben und auf der Fahrbahn. Kreuze, mit bunten Plastikblumen umwickelt und besteckt, waren am Straßenrand aufgestellt, wo Menschen zu Tode gekommen waren. In der Mitte der Ebene hinter Arad erhob sich eine gewaltige Fabrik. Sie war groß wie eine kleine Stadt und still wie ein Bild. Nichts war in Bewegung, die Schlote, Treppen, Verbindungsleitungen, die Kessel und Behälter und Rohre, die Tore und Aufgänge, Fenster und Luken verharrten untätig, jedem Nutzen enthoben.

Hinter der Fabrik bog die Straßenbahn ab in einen Weg voller Unebenheiten. Rechts und links lag nun eine Wildnis, die mit einer Straßenbahn wenig zu schaffen hatte. Wären nicht die Gleise gewesen, die vor und hinter der Straßenbahn verliefen, hätte man meinen können, die Waggons wären eigenmächtig und blindlings in fremdes Gelände gedrungen.

Im Osten lagen die Hügel, dahinter der helle Morgenhimmel. ›Ghioroc‹ stand auf einem Schild, Ende der Strecke. Die Gleise umkreisten ein kleines Depot. Über der Gleisschleife hing ein Gewirr von Drähten und Leitungen zwischen schiefen Masten. Frauen mit Körben voll schrumpligem Wintergemüse drückten sich in die Nischen des Depots. Das Gemüse hatte die Farbe der Erde, und die Frauen starrten ungerührt auf ihre vermummten, um die Korbhenkel geschlossenen Hände, als warteten sie auf ein Zeichen, aufstehen und mit den unangetasteten Waren fortgehen zu können, fort aus dem Blick auf den sich vor ihnen ausbreitenden zwielichtigen Märzmorgen und durch die Gassen hinter dem Depot in die Hügel.

Abseits der Straßenbahnschleife hatten sich Männer versammelt. Sie standen wartend vor einem grünen Haus, sie mochten auf Arbeit warten, auf Geld, eine Anweisung. Ein paar junge Männer traten aus einer Tür, mehrere Treppenstufen über der Straße, winkten lachend, Bewegung kam in die Gruppe, ganz kurz sahen die Winkenden aus wie Sieger.

Ein schlammbespritzter Bus hielt, ›Siria‹ stand auf einem Schild im Busfenster. Wo ist Siria? fragte ich eine Frau in einem dicken schwarzen Mantel.

In Siria gibt es eine Burg auf einem hohen Berg, sagte die Frau, als habe sie diese Worte zufällig griffbereit. Im Frühling und im Sommer wimmelt es auf dem Pfad zur Burg von Vipern. Knäuelweise liegen sie ineinander verschlungen in den heißen Mulden der Hänge. Sie stoßen über den Pfad, erdfarben und mattschimmernd, schnurgrade. So leben sie, allein vorwärtsstoßend und sich dann wieder ineinander verschlingend.

Die Frau lachte, vielleicht hatte sie gescherzt. Sie stieg ein, ich folgte ihr. Der Bus fuhr über eine holprige Straße zwischen der Ebene und den Hügeln, die unter einer Decke aus magerem Gebüsch und verwachsenen Obstbäumen anstiegen. Längs der Straße weideten Schafherden. Die Umhänge der Hirten waren schmutzigbraun wie das Fell der Schafe. Die Hütehunde bellten den Bus an.

In einem Ort namens Covasint hielt der Bus vor einem Geschäft mit der Aufschrift ›Magazin Mixt‹. Auf dem kleinen Vorplatz tranken zwei Männer Bier aus Dosen, sie legten den Kopf in den Nacken und saugten letzte Tropfen heraus.

Ich stieg aus und folgte dem Weg in die Hügel. Hunde bellten, eine Frau mit einer blauen Kanne in der Hand trat aus einem Haus, am Wegrand lungerte ein alter Mann mit einer Baskenkappe, hielt Ausschau ins Leere. Hinter ihm ragten Zweige auf, darunter am Stamm das verwaschene Weiß der Kalkfarbe vom vergangenen Frühjahr.

Die Weinhänge lagen kahl und dunkel. Im Hintergrund wurden die Hügel zu Bergen mit den Schattierungen von Wäldern, Klüften, Senken und Tälern. Der Anblick von Bergen war mir so fremd geworden, dass mir dieses kleine plötzliche Gebirge wie die Kulisse für ein Theaterstück vorkam. Am Fuß der Weinhänge lag die Ebene. Die dunkle, in Vierecke zerteilte Spätwintererde wurde zum Horizont hin immer heller, bis sie sich in Licht und Dunst und Himmel auflöste. Darauf verstreutes Zubehör eines aufgegebenen Spiels. Häuser, Bäume, Fahrzeuge, Schuppen und Ställe, die beweglichen grauen Lachen der Schafherden, schiefgefaulte Maisstrohhaufen, die niemand verfeuert hatte. Nach Süden die stumme Fabrik. Ein weicher violetter Schatten, ein Fabelwesen, die einzige Unterbrechung der zitternden Linie des Horizonts. Ein Meeresboden breitete sich dort aus, der Grund eines leergelaufenen Ozeans, der seine irgendwann aus der nutzbaren Wirklichkeit des festen Bodens gesunkenen Schätze hatte offenlegen müssen und nun auf eine Flut wartete, der er sie wieder anvertrauen konnte.

Auf dem Rückweg sah ich die Aufschrift ›Brutarie‹ in verblassten Buchstaben auf einer Hauswand tief in einem Garten, neben dem Schriftzug waren dunkle und helle Brote abgebildet. Einen Moment lang erschreckte mich das Wort zu dem Bild, als hätte sich eine Faust oder ein Schlageisen dort ins Brot gedrängt. Die Frau mit der blauen Kanne stand jetzt bei dem Mann. Sie sprachen, ein Kind hatte sich zu ihnen gesellt und zeichnete mit einem Stock Figuren in den Schlamm des Weges.

Wo ist ein Gasthaus? fragte ich.

Ich zeige dir eins, sagte der Mann.

Der Mann machte kleine Schritte, fast wie ein Kind. Er spitzte die Füße und stieß sie dann hinab, dabei schwankte sein Oberkörper hin und her, und er ruderte leicht mit den Armen.

An den Glasveranden der alten Häuser rankten Glyzinien und Wein. Reisigberge türmten sich in dunklen Gartenecken. Frauen in dickem Schuhwerk und mehreren Schichten Winterkleidung schlurften über die schmalen Pfade längs der Häuser, trugen schwer an kleinen Dingen, schleiften Geräte hinter sich her. Eine drehte sich zu mir um: Findest du es schön hier? fragte sie mit dem schiefen Lächeln, wie es für Fremde bereitwillig in den Mundwinkeln lauert. Nach ihrer Frage herrschte eine kalte Stille, das kurze Schleifen im Straßenkies, das der Mann mit seinen hinabstoßenden Füßen verursachte, stieß kleine Löcher in diese Stille.

In einiger Entfernung ragten zwei hohlfenstrige Gebäude hoch über die einstöckigen alten Häuser hinaus, trugen Türme, Giebel, kleine Balkons. Vor den Gebäuden standen Autos, man stieg aus und ein, Männer mit breitkrempigen schwarzen Hüten, Frauen mit langen bunten Röcken, die sich an diesem und jenem zu schaffen machten.

Das sind die Zigeuner, sagte der Mann. Nur damit du es weißt.

Die hohen Märchenhäuser der Zigeuner sahen aus wie sehnsuchtsvoll ersonnene Schlösschen, in die jedoch noch kein Leben eingekehrt war. Die Fenster waren dunkel und leer, vielleicht wohnten die großen Familien in den Autos, um immer ihr Haus in liebevollem Staunen betrachten zu können. Eine ältere Frau putzte einen Gartenzwerg, der fast so groß war wie sie. Der Zwerg trug einen dicken Bauch zwischen aufgemalten Hosenträgern und lächelte gemütlich auf den Mann und mich herab.

Diese Häuser sind so hoch, dass ihre Giebel im Herbstgewölk verschwinden, erklärte der Mann.

In einer Kneipe mit blankgescheuerten Tischen saßen stille Gäste, jeder für sich, vor Flasche und Glas. Sie schauten zur Tür, als wir eintraten, aber so, als wollten sie nur einen Blick in die Ferne erhaschen, die sich dahinter auftun mochte, in die Welt, die sie dort vor der Tür gelassen hatten.

Ich heiße Gellu, sagte der Mann, als wir an einem Tisch Platz genommen hatten. Gellu, wiederholte er und sah mich brennend aus seinen kleinen alten Augen an.

Der Wirt trat an unseren Tisch. Mamaliga mit Schafskäse gab es.

Der Wirt brachte Wein und drei Gläser.

Ah, der feurige Kadarkawein, sagte Gellu, und seine Augen brannten wieder.

Der Wirt schenkte drei Gläser ein.

Auf den Kadarkawein! rief Gellu und stürzte den Wein hinunter.

Durch eine Tür hinter der Theke sah ich ein junges Mädchen am Herd, das den Maisbrei rührte.

Alle jungen Mädchen hier sind traurig, solange der richtige Freier ausbleibt, flüsterte Gellu mir zu. – Und danach erst recht.

Wir leben in einer traurigen Gegend, erklärte der Wirt, hier am Rande dieser Ebene, deren Ende uns fremd ist. Doch am Abend füllt sich die Kneipe, es wird gesungen, der Musiker spielt auf dem Akkordeon. Man erzählt auch Geschichten, und die Traurigkeit vergisst uns einen Augenblick lang.

DER APFELBAUM

In einem Garten steht ein einziger niedriger Apfelbaum. Der Garten befindet sich am Rande der Ortschaft, und die Ecke mit dem Apfelbaum ist weithin sichtbar. Es ist nicht der einzige Apfelbaum in der Ortschaft, doch der einzige seiner Art, und wenn man hier von Äpfeln oder einem Apfel oder dem Apfelbaum spricht, dann steht vor eines jeden Auge dieser Baum. Er ist klein aber sehr ausladend, die Rinde des Stammes ist mit einer brüchigen, graubraunen, an manchen Stellen von grünlichen Flechten überzogenen Rinde bedeckt, und strömt das ganze Jahr über einen herbstlichen Duft aus. Die Zweige wirken im Winter trocken und verdorrt, als könnte jeder Windstoß sie brechen, und wenn man den Wind durch die Baumkrone fahren sieht, meint man bereits, das dürre Knacken zu vernehmen, doch nach stürmischen Nächten und Tagen findet sich weniger abgerissenes Gezweig darunter als unter stärkeren und größeren Bäumen. Der ganze Baum ist nicht größer als die kleinen Häuser der Gegend, bis zum Ansatz der Baumkrone ist der Stamm kaum höher als ein Kind, und in der blattlosen Zeit sieht man die Landschaft, den Horizont und ein Stück des Himmels durch das Netz der Zweige, das vor diesem Bild der Weite, besonders schwarz und verkrümmt aussieht. Im Herbst, wenn die Blätter schon abfallen, hängen die Äpfel noch rund in diesem schwarzen kantigen Netz und sehen gegen den Himmel auch schwarz aus. In anderem Licht sind die Äpfel rötlichgrün und fühlen sich rau an, sie riechen nach Erde und Regen und Wind, und wenn sie frisch vom Baum gepflückt sind, schmecken sie bitter. Viele fallen wurmstichig zu Boden, es ist eine Sorte, die Würmer anziehen muss, doch die wurmlosen Äpfel sind sehr schön anzusehen und werden auf dem hölzernen Gestell an der Hauswand rötlicher und weicher. Die Haut schrumpelt ein wenig, und die Äpfel verlieren im Verlauf der ersten Winterwochen alle Bitterkeit.

Der Apfelbaum gehörte einem Mann, der den Baum beschnitt, im Frühjahr die Rinde wusch und kalkte, der die wurmigen Äpfel aufsammelte, die Äpfel pflückte und das Laub unter dem Baum zusammenrechte. Morgens trat er vor die Tür, blickte hinaus in die Landschaft bis zum Horizont und streifte den Baum mit seinem Blick. Wenn er die Äpfel geerntet hatte, reihte er sie auf dem Holzgestell auf, und da lagen sie, bis der Frost kam. Dann trug er sie in eine kühle Kammer und legte sie dort auf ein anderes Gestell. Manchmal verschenkte er von seinen Äpfeln, manchmal nicht. Es gab gute und schlechte Jahre. Im Frühwinter schmeckten die Äpfel süß und herbstlich, wenn der Winter zu Ende ging, waren sie weich und klein geworden und schmeckten nach der Kammer, in der sie nun schon lange lagen.

Es kam wieder ein Herbst, und der Mann erntete den Baum langsam ab. Es war ein regnerisches Jahr, die Ernte war nicht gut. Die wenigen Äpfel lagen im Regen auf dem Gestell, und der Wind fuhr wild durch die Zweige. Eines Tages stemmte sich der Mann gegen Regen und Wind, stieg auf den niedrigen Baum und setzte sich in eine Astgabel. Er krümmte sich, machte einen Buckel und zog die Schultern zusammen gegen den Wind und den Regen, den Kopf reckte er vor, als sitze er auf einem Ausguck, von dem aus er, wie es den Anschein hatte, den Horizont nicht aus den Augen lassen wollte. Wer einen Blick in den kurzen Dämmer warf, sah ihn dort noch sitzen, und auch am nächsten Morgen saß er unverändert da. Manche begaben sich in die Nähe des Gartens, um sich vielleicht ein besseres Bild vom Treiben des Mannes auf dem Baum zu verschaffen, sofern man sein stilles, ja regloses Hocken dort überhaupt als Treiben bezeichnen konnte. Der Tag verging, die Nacht ebenso, und auch am folgenden Morgen hockte der Mann noch in der Astgabel, möglicherweise ein wenig in sich zusammengesunken, aber bei diesem Eindruck konnte es sich auch um eine Augentäuschung handeln, immerhin hatte man diesen Anblick ja nun schon drei Tage vor Augen. Der Mann blieb auf dem Baum, und immer wieder und sicherlich auch immer öfter, doch in gewisser Weise auch immer verstohlener suchte man allenthalben, die tagtäglichen Wege so nah wie möglich an den Garten heranzuführen, um den Baum mit seinem Bewohner zu streifen, vielleicht eine Bewegung, einen Blick, sogar ein Wort zu erhaschen. Wer weiß, was man sich davon erhoffte, vielleicht träumte man davon, in größerem Kreise über das Erhaschte Bericht zu erstatten, wenngleich bisher kaum ein Wort über den Mann und den Baum gefallen war.

Mit der Zeit legte sich der Wind. Ab und zu quietschte noch die offen stehende Tür des Hauses in den Angeln, wenn ein Windstoß sie bewegte. Auch der Regen ließ nach und stellte sich schließlich ein. Die stillen Tage des Frühwinters begannen, mit bläulichem Raureif und glänzender Weite, dem Geruch von Holzfeuern in der Luft und einer großen Reglosigkeit der Dinge. Der Mann hatte den Baum nicht verlassen. Zusammengesunken hing sein Körper im Geäst, und man hätte in ihm keinen Sitzenden mehr erkannt. Krähen kamen, andere Vögel machten sich an den verbliebenen Äpfeln zu schaffen. Im Abendlicht sah der Mann nun aus wie ein großes schwarzes Nest, umgeben von Vögeln und wenigen Äpfeln.

Schnee fiel und bedeckte den Baum, die Äpfel und den Mann. Auf den ersten Schnee folgte bald ein Tauwetter, und der Mann verrutschte unter der Nässe so, dass er jetzt über dem unteren Ast der Astgabel hing. Er sah bei keinem Licht betrachtet mehr aus wie ein Mann, er war etwas Dunkles geworden, das man nicht benennen konnte, und man machte einen Bogen um den Garten. Doch viele standen in den müßigen Winterstunden an ihren Türen oder Fenstern und blickten hinüber, zum Baum, der Weite, dem Horizont. Wieder kamen Stürme, der eisige Winterwind, und das Dunkle im Baum gefror und knarrte, wenn es im Wind hin und her schaukelte. Dann schneite es wieder, und der Schnee blieb lange liegen. Es war ein außerordentlich schneereiches Jahr, und allgemein blieb wenig zu tun, als abends das Wirtshaus aufzusuchen. Der viele Schnee schien sich manchem aufs Herz zu legen. Es wurde viel geschwiegen, und nie sprach man von dem Mann im Baum. Er hatte an vielen Abenden im Wirtshaus gestanden, und auch wenn er sehr schweigsam war, er hatte getrunken und geraucht, nicht getanzt, aber manches Mal gesungen, leise, und kurz, wenn der Akkordeonspieler eine Pause machte, er war gekommen und gegangen, hatte seine Äpfel gehegt und versorgt, geerntet, verschenkt und gegessen, hatte auf der Schwelle seines Hauses gestanden und in die Ferne geblickt, während sich die Rauchwolken, die er blies, in den Zweigen des Baumes verfingen.

Sicher war es der viele Schnee, der das Schweigen beförderte, denn wenn man nun aus dem Fenster oder der Tür zum Apfelbaum schaute, sah man in eine Welt, die fast nur aus Grau und Weiß bestand. Der Schnee türmte sich an den Wegen entlang, bildete kleine Hügel über Büsche und größere Gegenstände, und um den Apfelbaum war eine große Wehe entstanden. Dahinter sah man die Ebene, die vom Himmel nicht zu unterscheiden war. An den wenigen klaren frostsirrenden Tagen saßen Krähen auf der Schneewehe, und der Horizont war ein schmaler bläulicher Streifen zwischen dem Himmel und dem flachen Land.

Das Tauwetter kam spät und mit einem warmen, süßlichen Wind, der sich eines Nachts mit sausendem Rauschen erhob. Die Fensterläden klapperten, die Dachbalken ächzten. Der schmelzende Schnee gurgelte, die Erde weichte auf. Tagsüber war der Himmel von jagenden violetten und bräunlichen Wolken bedeckt, und über den Wolkenfetzen leuchtete manchmal ein von einem hohen Licht erfüllter türkiser Himmel. Der Schnee verschwand rasch, die Welt schien fremd, wie nach jedem Winter, wenn die Erde so bloß, aufgeweicht und braungrau bis zum Horizont da lag und alles schwarz in die Luft ragte. Im Apfelbaum wehte ein breites Band aus dunklen Fetzen, die im Wind flatterten. Sie stiegen und fielen im Rhythmus der Windstöße, wenn der Wind abflaute, schwangen sie leise hin und her, und wenn er sich legte, hingen sie still und gerade herab. Fast schön, ein verlassener Schmuck, leicht, weich und sinnlos im starren Gezweig, und so hingen sie und wehten, bis der Frühling kam.

BATTONYA

Aus den Hügeln fuhr ich zurück nach Battonya. Ich erkannte die leeren Felder wieder, die einzelnen Baumgruppen am Horizont, die Farben des Himmels, das tierhafte Keuchen und Stampfen des einsamen Triebwagens beim Durchqueren der Landschaft.

Ich erkannte den Bahnhof wieder, das müde Blaugrün der Veranda, die leeren Bänke, die Grenzler hielten sich im Warmen auf, unsichtbar und träge. Rumänien lag hinter blassem Gestrüpp, das im Wind sicher raschelte, doch bei meiner Ankunft war es windstill, und eine dunkle Katze überquerte die toten Gleise.

Vor den Kneipen standen Fahrräder und die langgestreckten Dreiradmobile, in denen sich Versehrte voranhebelten, schwarze Gefährte, Kisten auf drei Rädern, auf denen sie ihr Gebrechen durch die Welt schieben und gleichzeitig die ihnen verbliebene Kraft erproben konnten.

Am Wegrand trieben sich träge Hunde und Katzen auf der Suche nach Paarung herum, kaum aus ihrer Wintermüdigkeit erwacht, wälzten sie sich im struppigen fahlen Gras am Wegrand in einer Erinnerung oder einem Vorgeschmack auf die Lust wärmerer Zeiten.

Frauen warfen mir Grußworte zu, das war ein großer Winter, sagten sie von ihren Fahrrädern herab.

Ich kam zurück zu meinem Haus. Es sah arm und allein aus. Als ich im Ofen Feuer machen wollte, musste ich mir erst wieder in Erinnerung rufen, wie das geballte Papier, die Späne, die kleinen Scheite aufeinander gebaut werden, damit das Feuer dazwischen wachsen und sie von innen her verzehren kann. Es wurde wärmer, und ich hörte die Wände seufzen.

Ich hörte die Nacht- und die Morgengeräusche. Das Hundegebell, das Krähen der Hähne im Dunkel vor Tagesanbruch, das Scheppern der Fahrräder, Kinderstimmen auf dem Schulweg, das quietschende Tor zum Garten der Buckligen.

Mein Nachbar Todor klopfte ans Fenster, Du bist wieder da, sagte er, als ich öffnete. Er brachte einen Zahnlosen mit einer hohen Mütze, der sollte mein Feld pflügen, denn jetzt war die Zeit dafür. Der Zahnlose führte seine zwei weißen Pferde am Pflug längs und quer über das bloße Feld, die Pferde drehten und trotteten geduldig unter seinen mal scharfen, mal weichen Rufen und Zuflüsterungen, während Todor am Tor stehenblieb. Mit der zweifingrigen Hand gestikulierte er in der kühlen niesligen Luft und beschrieb mir in großen Worten sein vergangenes Leben als Kolchosenkoch, immer wieder nannte er die Mengen, die er zu kaufen, zu verwalten und zu kochen hatte, die gewaltigen Suppen, die Zentner Kartoffeln, und vor allem das Fleisch, die ganzen und die zerteilten Tiere, die Flanken und Keulen, die unter seinen Anweisungen für Hunderte zubereitet wurden. Immer wieder kehrte er zum Fleisch zurück, in Worten, deren Bedeutung ich nicht kannte, die alle gleich klangen und mir brandig rochen. Zwischen den Fleischbrocken mochten auch seine Finger geblieben sein, doch diese Frage stellte ich nicht.

Der Zahnlose und seine Pferde hinterließen die Erde nackt und brach, in große stumpfdunkle Brocken gebrochen, Klüfte und Schründe. So würde der Frühling sein, die bloße schwarze Schutzlosigkeit der Erde.

Eines Tages starb ein alter Mann in meiner Straße. Er wurde von seinem Nachbarn aufgefunden, der Schlag hatte ihn getroffen, an einem stillen Abend, mitten im Abendessen, vor dem Fernseher. Der Nachbar stand im windigen Morgen vor dem Haus und erzählte immer wieder, wie der Verstorbene zwischen umgekipptem Tisch und Stuhl am Boden gelegen hatte, die eine Hand halb erhoben und zur Faust geballt, in einer Verrenkung erstarrt, während der Fernseher noch mit großer Lautstärke lief. Neben ihm die angebrochene Mahlzeit auf dem Boden verschüttet, der Teller in Scherben, das Besteck, vielleicht auch ein zerbrochenes Glas, eine Wein- oder Bierlache. Nachdem er mehrere Male von seinem Fund berichtet hatte, wurde er der Worte müde und stellte stattdessen mit seinem eigenen Körper dar, wie der Tote sich verrenkt, wie er die Hand geballt und erhoben, wie er dagelegen und welchen Ausdruck sein Gesicht gehabt hatte. Die Schaulustigen, darunter auch die buckligen Geschwister, die sich gleich zu Anfang eingefunden hatten, dankten ihm diese Abwandlungen mit neuer Neugier und Aufmerksamkeit, auch sie waren nach einer guten Stunde im grauen Wind der Wiederholungen müde geworden.

Zu guter Letzt gab der Nachbar noch preis, dass sein verstorbener Freund ein gutes Leben geführt, nicht gespart und genossen habe, was es an Genüssen zu ergattern gab. Er verdrehte die Augen bei der Beschreibung der Düfte, die der Küche des Verstorbenen entströmt und ihren Weg in sein Haus gefunden hatten.

Der Tote wurde fortgebracht. Die Neugierigen zerstreuten sich, der Nachbar des Toten schloss das grüne Eisentor.

Im Haus des Toten blieb nur der jaulende Hund zurück, der die Schnauze suchend und klagend durch den Spalt unter dem Zaun hervorschob und sich dann und wann in großer Verzweiflung gegen das Tor warf.

Ich rief Attila, damit er mir einen Zaun baute, auf der Seite der buckligen Geschwister sollte er verlaufen, zwischen meinem Aprikosen- und ihrem Mirabellenbaum, durch das Gebüsch von Akazienschösslingen und Weißbuchentrieben wollte ich meine Grenze ziehen, hinter der ich den Himmel studieren und das Flussufer am fernen Ende der langen Gärten beobachten würde, während ich den Frühling kommen sah, mit Dingen und Farben und Gerüchen, deren alte, mir vertraute Namen ich zu vergessen begann, weil sie hier so stumpf und hohl verklangen und keinem Ding anhaften wollten.

Ich würde den buckligen Nachbarn hinter dem Zaun hantieren, seine Sense schärfen, das Gras mit scharfem Sausen mähen hören, ich würde ihn und seine Schwester im Maisstroh rascheln und zwischen ihren Heuhaufen umherschleichen hören, und sie würden mich nicht sehen, keinen Blick auf meine Lippen erhaschen, die sich um die kurzen weichen Laute der neuen Sprache legten und leise etwas sagten, das Wind heißen mochte, Erde, Vogel, Horizont. Worte zwischen denen Schweigen floss, ich lernte ungesagt zu lassen, was außerhalb des Sichtbaren lag.

Kannst du mir einen Zaun bauen, Attila?, fragte ich.

Attila nickte, Seinerzeit habe ich viele Zäune gebaut, sagte er langsam.

Er trug die Zaunbretter auf die Veranda, in den trockenen Schutz, wo sie zersägt werden sollten. Seinerzeit habe ich viele Zäune gebaut, sagte er noch einmal in den kalten

Vorfrühlingsabend. Das war in Italien, dort hatte er Zäune gebaut, zu etlichen hatten sie dort Zäune gebaut, so lang wie das ganze Land. Das war nun viele Jahre her. Tagsüber bauten sie Zäune. Das Leben brandete um sie herum, und sie bauten Zäune. Sie rochen die Speisen und sahen die Schönheit der Frauen, hörten das fremde Lachen und Rufen und Singen, das ihnen am Herzen zog und zehrte, und nachts wurden sie in einer Wohnung eingeschlossen, damit sie nicht davonliefen und ihr Herz verschenkten.

Jeden Nachmittag kam Attila mit einem kleinen Mann und baute an meinem Zaun. Der kleine Mann war scheu und sagte selten ein Wort. Er hatte keinen Namen, Attila nannte ihn nur mein Kollege. Sie arbeiteten schnell, und ihre Bewegungen sprachen miteinander, als hätten sie sie für eine Vorführung einstudiert. Sie sägten und hämmerten und hobelten ohne Verletzung, ohne Fehler und ohne Frage, und als der Zaun fertig war, sah er aus wie die Zäune im arglosen Kindheitsland, das nur von Träumen besiedelt war. Er war ein fremder Zaun in diesem Land und gehörte wie kein anderer auf diese Grenze meines Gartens.

Ein schöner Zaun, sagte ich, als er fertig war, und Attila sagte: Ja, ich weiß. Er zuckte mit den Schultern.

Im grauen Licht des Abends war alles sanft und scharf zugleich. Jedes Ding hatte sein einzelnes eigenes Leben in diesem Zwielicht, als sollte allem eine Art Gerechtigkeit widerfahren.

Dies scharfe reine Dämmergrau.

Das ist nichts für mich, sagte Attila. Hell soll es sein, und heiter.

Er stieg auf sein Fahrrad und floss in das Abenddickicht.

DIE REISEN

Der Akkordeonspieler war auf seinem Platz. Die klammen Fingerkuppen ragten aus schwarzen Halbfingerhandschuhen. Die Hände litten im Winter, an Kälte, Untätigkeit, dem unruhigen Streifen über Oberflächen auf der Suche nach vertrauten Regungen.

Er nickte mir zu, mich rührte sein Erkennen. Eine Handvoll Trinker hockte zusammen, sie redeten, lachten, schwiegen, riefen Worte durch den Raum, die jedem gelten konnten.

Die Lieder kamen zurück. Die langen ungefügigen Melodien, die Kreiselmusik. Wer weiß, wo sie gewesen waren. Im Bett oder im Schrank des Akkordeonspielers, auf einem schiefen Küchenbord in seinem Haus, zwischen trüben Gläsern und rissigen Bechern, eines Tages schlüpften sie wieder zurück in sein Instrument. Scheu waren sie noch, sie sirrten und maunzten in einer Ecke der Kneipe, wo niemand sie beachtete.

Noch ein Wintergesang, sagte der Akkordeonspieler leise, dann wird es Frühling.

In der Ebene, wo sich wenig ereignet und das Dasein sich langsam abspielt, wo jede Fortbewegung nicht nur größere Mühe sondern auch stärkeren Entschluss erfordert als andernorts, ist man dennoch unentwegt auf Reisen. Reisen vom dunklen, scharfen Schatten, den das Haus auf die Erde wirft, ins helle Licht des Mittags, Reisen von der Kühle in die Wärme und aus dem Wind in die Stille, Reisen vom Brot im Mund zum Wasser und von dort zu der kalten metallenen Schärfe der Messerschneide, die man sich abwesenden Sinnes zwischen die Lippen schiebt. Reisen vom Bellen der Hunde zu ihrem Verstummen, vom Blick, den der eine mit seinem Nachbarn wechselt, zur Abgewandtheit seiner Augen, von Wolke zu Sonne und von Sonne zu Wolke, vom Horchen auf das ferne Pfeifen eines Zuges zum dumpfen Schlag eines Fensterladens, von Schneeflocke zu Schneeflocke, vom Nutzen der Gegenstände zu ihrer Unbrauchbarkeit, von Tisch zu Bett, von Bett zu Schrank, von Schrank zu Fenster, vom Blick in die Ferne zum Verscheuchen einer Fliege, von Warten zu Warten und Hunger zu Hunger, und dennoch gelingt es, jeden Fremdling in die Irre zu führen und Stillstand und Reglosigkeit vorzugaukeln.

KRÄHENLAND

Den Winter über war das Land zwischen Pitvaros und Makó
von Krähen bewohnt. Die Felder lagen so brach, als könnte dort nie etwas anderes sein als die Vögel, die im dünnen
Schnee, in den überfrorenen Furchen, im zähen Tauwetter-
schlamm nach den letzten Resten von Mais und Sonnenblumen suchten, große Krähen, dazwischen Elstern, strei-
tende Schwärme, die von den kahlen Bäumen auf die Felder
schweiften, an den Wegrändern saßen, die spärlichen Sied-
lungen nie aus den Augen verloren, bewegliche Zeichnungen im starren, gestrichelten, unscharfen Land. Die Luft war
voll von ihren Stimmen, der heisere, schnarrende Banater
Winterklang, der lange anhielt und sich im weiten Auland
zwischen Tamiš und Donau genauso anhörte wie hier, im
Umland des Maros.

In Magyarcsanád lagen die Straßen nackt und leer um
die riesigen Kirchen, und es roch nach Krautsuppe. Im
Märzfrost fühlte sich der Wind noch bitterer an als im Fe-
bruar, Stein, Erde, Holz und welkes Gebüsch graugefroren,
der Himmel weiß und ungefähr. In einer Kneipe saß eine
kleine Gesellschaft um Wassergläser mit Schnaps, ein riesiger Fernseher lief ohne Ton, der grüne Rasen des sonni-
gen Fernsehlands spiegelte sich bläulich im Fliesenboden.
Die Trinker hockten auf niedrigen Stühlen, manche in Mütze und Schal, sie warfen sich verdrossene Worte zu, einer
thronte in einer Insel aus Uringeruch auf einem zierlichen

weißen Gartenstuhl aus Kunststoff. Jancsi, sagten die anderen zu ihm, Jancsi, so kannst du dich doch nicht behandeln lassen. Jancsi hob die Hand, als wollte er Schweigen gebieten. Eine Frau muss …, sagte er, eine Frau muss … Dann sagte er nichts mehr, die anderen murmelten für ihn weiter, sie sagten einander, was Frauen mussten und sollten, und eine alte Frau mit struppiger Nase nickte dazu, sie hatte die fast blauen Hände fest um ihr Glas gelegt.

Die Theke stand schief, mit holzgemaserter Klebefolie überzogen, das letzte, mitgenommenste Stück Zubehör aus der großen Requisitenkiste mit der schrägen Aufschrift: ›Kneipe‹.

Der Wirt war jung, nüchtern, er sah aus wie ein gewissenhafter Lehrer. Gedankenverloren blickte er über seine Gästeschar und den Fernseher hinweg, zum Fenster, vielleicht auf das mit bunten Schleifen dekorierte Bild der Magyarcsanáder Fußballmannschaft im ausgebleichten Sommergrün ferner Zeiten. Kann ich Ihnen helfen, fragte er, ebenso abwesenden Blicks, dann erklärte er mir den Weg zum Fluss. Dabei ruderten seine Arme in großen Bewegungen durch die Luft, es ist ganz nah, wirklich, ganz nah, versicherte er.

Er folgte mir hinaus, ließ die Tür aber nicht zufallen, um sein Schulklässlein nicht ganz im Stich zu lassen, die kleine Herde Schutzbefohlener, die sich in seiner Obhut auf krummgesessenen Gartenstühlen ihr Innerstes wärmte. So blieb er stehen, bis ich außer Sichtweite war, ich sah ihn im Rückspiegel, wie er meine Fahrt aus der wachsenden Ferne dirigierte.

In Apátfalva kam man zum Fluss, hinter einem Gebirge aus Sand- und Kieshaufen mit einer Ansammlung alter Bagger. Daneben eine Anlage mit Trichter und Schütte, ein Ding ohne Namen aber mit einem Klang, so hatten sie in den Kiesgruben am Rhein gestanden, als ich Kind war, manchmal hörte man in der Nacht das laute Rauschen der Erde durch die Trichter und das Kollern des Kieselschotters auf die Ladeflächen von Lastwagen, dazwischen das stete Tuckern der Kähne auf dem Fluss, das die Nacht so groß und leer erscheinen ließ, Geräusche, die im Dunkel eine ganz andere Welt zeichneten als man sie am Tag sah, sie wischten Häuser und Stimmen weg und breiteten unter dem Himmel eine Landschaft der großen Dinge aus – der Fluss, die Kiesgruben, die Maschinen, eine Welt, die ohne Worte funktionierte, auf ihr eigenes Geheiß.

Der Maros lag sehr still und glatt, wie Polster wölbte sich das rotbraune und graue Winterdickicht um die Ränder. So seltsam erschienen mir alle Flüsse hier, von keinem Weg gesäumt, immer verborgen, versunken hinter Gebüsch und Wald, am Fuße hoher Mauern und Deiche, und so still ergriffen sie von dem umliegenden Land Besitz, wenn mehrmals im Jahr das Hochwasser kam. Hier, wo der Kies gefördert wurde, war eine Bresche im Uferwald, auf der anderen Seite lag Rumänien. Im Fluss standen drei massige Stümpfe, die einmal eine Brücke getragen hatten, von der niemand erzählte, die nirgends verzeichnet war, breite gemauerte Ziegelpfeiler, gelblich braun und rot im Licht der Sonne, die jetzt ganz klein über den dünnen Wolken hing. Meine Großmutter hütete ein kleines Album mit Hochwasserbildern ihrer Heimatstadt, braungelbe Fotografien einer Flut, die zwischen den Kriegen Menschen und Häuser davonriss, und die Brücke, über die meine Großmutter täglich gegangen war, zum Einstürzen brachte, von Bild zu Bild wurden die Wellen dieses stillen kalten Flusses wilder, die Brücke knickte ein und sank, verschwand, die kleine Stadt brach entzwei.

Landeinwärts verlief ein Weg am Uferwald entlang, oberhalb des Flusses. Durch kahle Baumkronen sah man die Dächer und Kirchtürmchen von Apátfalva, auf den Feldern die Krähen, im Gezweig die Elstern, ein Bild, in dem man verlorengehen könnte, wären nicht die Vögel, sie stiegen auf, stritten, schnarrten, kreischten und saßen wieder still.

Am Nachmittag stand ich am Grenzübergang nach Serbien jenseits des Maros. Eine kleine Budengrenze mit einer Schranke, zwei Männer in schweren fellgefütterten Mützen mit Ohrenklappen, die ihr Grenzlein bewachten. Früher und andernorts nannte man diese Kopfbedeckung gerne Russenmützen. Beide Männer lächelten unter ihrem Fellkränzchen hervor und blinzelten in die Sonne. Der kleine schüttere Wald im Hintergrund, das Weidicht, kleine leere Felder, alles wirkte rot in diesem Licht, ein Rot wie auf Gemälden kühler Länder, hoch im Norden, ein Nachwinterrot. Ich dürfte die Grenze nicht überqueren. Dieser Übergang ist nur für Hiesige, erklärte einer der Grenzler und legte die Hand bestätigend auf die Schranke. Auf den roten Feldern diesseits und jenseits der Grenze hatten sich Krähen gesammelt, große Schwärme, sie pickten in den Schründen zwischen den Erdschollen, sie saßen im roten nackten Gezweig der Weidenbäume, flogen auf, ihr Flug schrieb etwas an den Himmel dieses Nachmittags, das ich nie verstehen würde.

KANIJŽA

Der Wind wehte wieder kalt. Alles duckte sich in die Farb-
losigkeit, die Geschäftsschilder und die rostigen Balkone
der Wohnblocks. Menschen standen in Gruppen, an einer Bushaltestelle, vor einer Autowerkstatt, unter kahlen
Bäumen einer kleinen Grünanlage. Nichts rührte sich, ein
Wartetag. Am Marktplatz lehnten sich die Verkäuferinnen
faul und freundlich über die Theken, aus der kleinen Ofen-
wärme ihrer Stände hinaus in den Wind. Äpfel, Apfelsinen,
getrocknete Bohnen. Schrumplige Granatäpfel. Ich dachte an einen Tag in schräger Oktobersonne in Belgrad, als
Käufer Stapel von Granatapfelkisten heimtrugen, auf hochgereckten Händen über dem Kopf, durchs Gedränge, die
Steintreppen hinunter zum Bahnhof. Der Herbstdämmer
kam damals früh, Teedampf beschlug die Scheiben kleiner
Cafés, zuckerstarres Gebäck verschwamm in den Auslagen,
während auf hochgereckten Händen weitere Schätze heim-
segelten, von denen hier auf dem grauen Markt nur noch
Schrumpelwerk zeugte.

Die Kneipen waren geschlossen, es war ein ordentlicher
Mittag, an dem der Wind alles übernahm, sogar die Geschäfte wollte niemand öffnen, und die stillen kleinen Ar-
tikel in den Auslagen – Puddingpulver, Schokoladentafeln,
Likörflaschen mit Aufschriften und Bildern, die mir aus
fernen Jahren zuwinkten – all das bettete sich reglos und
ungetrübt ins Grau.

Ein Lokal war geöffnet. ›Venezia‹ stand auf einem Schild über der Tür, im Dämmerwinkel am hintersten Tisch kämmte sich eine Kellnerin die blassen Locken. Am Fenster saßen zwei Männer, sie tranken Tee und sprachen auf Ungarisch über schwierige Dinge. Das Leben, hörte ich immer wieder. Aber das Leben! Die blassgelockte Kellnerin reichte mir eine klebrige Speisekarte mit Gerichten, deren Namen nach nichts klangen.

Ich bekam eine Speise, ein blauer Bus hielt an der gegenüberliegenden Haltestelle und sammelte die Wartenden auf, einer der Männer verließ das Lokal, wobei er sich vor der Kellnerin verneigte.

Der andere Mann gesellte sich zu mir. Wie in Erfüllung einer Aufgabe nahm er an meinem Tisch Platz. Unter dem Arm trug er einen flachen Aktenkoffer, sein greises Haar stieß auf den Kragen seiner Jacke.

Willkommen in dieser Gegend, sagte er auf Serbisch. Seine Augen waren vogelgrau, die Farbe von Wintergefieder.

Er sah mir beim Essen zu, als ich fertig war, sagte er:

Ich heiße Antun. Das ist ein internationaler Name. Wissen Sie, jeder, der ihn hört, weiß ihn sogleich in seiner Sprache zu verstehen, als Anton, oder Antonio, oder als – Anthony.

Er sprach die ausländischen Namen mit großer Andacht und insbesondere den englischen mit einer bemühten, gehauchten Eleganz aus.

Seine Sprache war ein Melodiengewoge, wechselte von Wort zu Wort die Seiten ihrer Zugehörigkeit. Mit einem Anflug von Stolz neigte er den Kopf in den Nacken. Er griff nach seiner Aktentasche und spielte mit dünnen Fingern an den verkratzten Schlössern. Seine winterfiedrigen Augen schweiften zum Fenster und zurück. Mit gespreizten Händen fuhr er immer wieder über sein Köfferchen, das er nun flach auf den Tisch gelegt hatte. Die Haut seiner Hände war rau, rötlich, als seien sie stets Wind und Wetter ausgesetzt, obwohl seine Kleidung fast etwas Amtliches hatte, auf jeden Fall war es eine Stubenkleidung, eine Schreib- und Rechenkleidung.

Er ließ die altmodischen Schlösser seines Aktenkoffers aufschnappen.

Vielleicht interessiert Sie, was sich in meinem Koffer befindet, begann er zögernd, breitete aber noch schützend die Hände über den Inhalt.

Wissen Sie, ich bin Spezialist für Grenzgestein, erklärte er. Er lachte unvermittelt, ein dünnes, zaghaftes kleines Lachen, das unsicher klang, probenhaft. Er zog die Hände zurück. Auf dem schwarzbraunen Grund seines Aktentaschenfutters lagen Kiesel und kantige Brocken in unterschiedlichen Farben und Größen, dazwischen zerknitterte Zettel mit kleinschriftigen Notizen, lädierte Sofortbildaufnahmen, rot- und blaustichig von schwankenden Temperaturen und Alter.

Das, sagte Antun, und griff mit beiden Händen in die Steinbrocken: Das ist mein Leben!

Um seinen Mund zuckte es bitterlich.

Dieses Gestein stammt von allen möglichen Grenzstrecken, erklärte er. Man sandte mich überallhin. Unzählige Meter, Kilometer Grenzland habe ich abgeschritten, oft unter Einsatz meines Lebens habe ich Kiesel, Quarze, Felsensplitter ergattert und erobert, ich habe sie vermessen, beschrieben, katalogisiert, stets dem Wetter in all seinen Launen ausgesetzt, unverzagt lebte und arbeitete ich im Dienst meiner Vorgesetzten, die den Unterschied zwischen dem Hier und dem Dort zu *untermauern* suchten. Ich war ein gehorsamer

137

Forscher, liebte unser Land, umschlossen von seiner Grenze, ich glaubte daran, dass dieses stille Band alles zusammenhielt, was unser Leben ausmachte.

Antun wölbte die Hand um einen großen Stein, der aussah wie ein kleines Gebirge.

So verlief mein Leben, immer im Schein der Grenze, stets ihrer eingedenk, auf der fürsorgenden Suche nach ihrer Wahrheit, denn so sah ich mich gern, als einen Wahrheitsforscher. Eines Tages war ich im Osten unseres Landes unterwegs. Ich erinnere mich an das Stechen der Sonne an diesem Morgen, an die Schatten die die Wolken warfen, an einen scharfen Brennnesselgeruch, der sich mir in der Kindheit immer mit verbotenen Orten verbunden hatte. Ich bückte mich und griff nach zwei beliebigen Steinen diesseits und jenseits der Grenze. Ein scharfer Schmerz traf mich im Nacken, eine kurze Dunkelheit, vielleicht gar Ohnmacht, aus der ich taumelnd auftauchte, die Hand um diese beiden Steine gekrallt.

Er steckte die Hand in die Tasche und legte zwei kleine glatte Kiesel auf den Tisch, grau, dünnweiß geädert.

Ich wusste nicht mehr, welcher auf diese, welcher auf jene Seite gehörte.

Antun knetete nervös die Hände neben dem geöffneten Aktenkoffer, die Augen schweiften, suchten einen stillen Halt, vielleicht fand er ihn im Rücken der Kellnerin, die jetzt einem gleichmütigen Volksmusikprogramm lauschte.

Es war eine plötzliche Erkenntnis, fuhr er fort. Das Wesentliche ist der Stein, nicht die Grenze. Ich hatte etwas im Gestein gesucht, was es gar nicht gibt, und unterdessen alles wirklich Gesteinige außer Acht gelassen. Im Gestein nämlich finden wir die Verkörperung eines jeden erdenklichen Schmerzes, den das menschliche Herz zu erleiden vermag.

Selbst diese glatte Rundung hier, die Zartheit der weißen Adern, die Gefälligkeit der Form, die sich so zutraulich in die Hand schmiegt – das alles ist erschliffen, es ist das Ergebnis einer langen, schmerzensreichen Reibung an anderer, auf irgendeine Weise mächtigerer Masse.

Antun machte eine Pause, in der er mit einer Hand behutsam und beschützend über den Inhalt seines Koffers strich, dann klappte er den Deckel wieder zu und ließ die Schlösser einschnappen.

Ich hatte große Pläne für einen Katalog, raunte er. Alle diese Spiegelbilder der Natur sollten entschlüsselt werden, jedes einzelne, doch dann kam der Krieg. Sie haben doch davon gehört?

Er strich sich mit einer hastigen Bewegung übers Haar, verlegen, unruhig.

Natürlich haben Sie von unserem Krieg gehört. Menschenscharen auf der Flucht, Erdrutsche, Trümmerfelder, neue Gebirgsformationen über den Massengräbern, die Wurzeln der Bäume verfaulen vom Blut, die Luft schwer von Heulen und Wehklagen, von Gestank und Kampfesschreien, der Schnee fällt schwarz. In den felsigen Tälern nur noch magere Greisinnen und Ziegen, die über zerborstene Leben klettern, nach Essbarem scharren, Verrohung der Kinder vor unseren Augen, Unschuld ein Wort aus alten Texten, zerfleddert im auseinandergerissenen Hausrat, eine Buchstabenzeichnung auf vergilbten Seiten, die uns wie die Federn geschlachteter Vögel in verlassenen Wohnungen entgegenschweben. Das Herz wird Legende.

Er verstummte, in dem leeren Lokal traf sein Schweigen auf eine Pause in der Volksmusik, seine letzten Worte spreizten sich sekundenlang über unseren Köpfen.

Mein gesamtes Vorhaben der Stein- und Herzenskunde wurde mit den ersten Bluttaten hinfällig. Mit einem Schlag wurde meine im Entstehen begriffene Lehre noch vor ihrer Blüte zu welkem Vergangenheitsgut. Mich warf das Schicksal von Ort zu Ort. Ein tapferer Soldat mit Helm und Gewehr sagte eines Tages im schützenden Schatten eines Flüchtlingshauses zu mir: Verschwinde. So kam ich hierher.

Antun stieß den Arm vor und wedelte damit hin und her, als wollte er alles wegwischen, den grauen Wind, die kalte Stadt, die Kellnerin und das Lokal, auch die Volksmusik.

Hierher, wo es keinen einzigen Stein gibt. Wo die Felder das halbe Jahr im Sumpfwasser stehen, wo das Land so weit reicht wie der Himmel, wo die schlammigen Flüsse keinen einzigen Kiesel führen. Ich bin nun bestenfalls ein Gesteinsforscher in einer Gegend, in der es nichts gibt als Erde, als Felder und Brachland, wo der Anblick der Vögel die einzige Rettung ist, der Störche und Reiher und Habichte, der Schwalben im Sommer und der Krähen im Winter, in einer Gegend, in der sich mir für meine Forschung, könnte ich ihr wieder nachgehen, nichts bietet als Dreck. Dreck, der im Herbst zu schwarzem Schlamm zerfließt, sich im Sommer in grauen Staub auflöst und im Winter zu unförmigen Klumpen gefriert. *Dreck.*

Antun hatte sich in Hitze geredet, sie warf rote Flecken auf seine Wangen. Er schickte sich zum Aufbruch an, ich folgte ihm, die blasslockige Kellnerin stand in der Mitte des Lokals, die Hände unter ihrer kleinen Schürze verschränkt, und schaute uns beim Klang der Volkslieder nach.

Auf Antuns Fersen sah ich die Stadt noch einmal. Ich las die Schilder von Anwälten, Tier- und Zahnärzten und Geschäften. Ich erkannte die starrgestutzten Bäume vom Vormittag wieder, sah einen Mann im Vorgarten Holz hacken und die Anlage einer medizinischen Badeanstalt. Der Rost auf alten Toren fügte sich gehorsam ins Nachmittagslicht, durch die bereits hineingefressenen Löcher schauten noch winterstille Gärten heraus. Antun ging mit großen Schritten, warf seine Arme in diese oder jene Richtung, lachte einmal auch auf, das war seine Stadtführung. Wir hielten uns am Rande der Stadt, umkreisten sie, immer wieder in die Lücken tauchend, durch die eine große umgebende Leere in die Stadt strömte. Irgendwo würden sich die Gärten hinter den rostigen Toren und die Leere des Umlands vermischen.

An einer Biegung der Straße hielt Antun an. Die Stadt lag hinter uns. Gleise kreuzten die Straße, im Straßengraben stand Wasser, Winterschilf raschelte. Antun drehte sich zu mir um, sein Gesicht blass und höflich, den Koffer halb erhoben, ein auf der Strecke gebliebener Vertreter. Lautlos kam ein Zug, ein blechernes Tier mit blinden Scheiben und einer klappernden Tür, in der ein Schaffner hing und eine rote Kelle herausstreckte. Der Zugführer hielt. Antun sprang mit großer Behändigkeit in den Waggon, verschmähte den Arm des Schaffners, versank im dunklen Innern des Waggons, vielleicht sollte eine letzte aus der Zugtür schnellende Armbewegung ein Abschiedsgruß sein.

Der Zug glitt weiter, hinterließ die Landschaft leer. Der Wind legte sich, und als ich nach Kanijža zurückkam, war die Stadt nicht mehr grau. Frühling lag in der Luft, Großmütter saßen auf Parkbänken in der kleinen Grünanlage und beobachteten ihre Enkelkinder. Auf dem Markt standen Frauen mit leeren Körben und plauderten zwischen den geschlossenen Ständen, in der Tiefe eines Gartens lachten Männer, einer warf abgeschnittenes Reisig aus Baumkronen hinab, ein schwarzer Haufen türmte sich schon am Zaun, vielleicht für ein Feuer. Kneipen waren geöffnet, im *Venezia* lächelte die Kellnerin aus dem Fenster, Gäste saßen im frühen Lampenschein, Mädchen mit rotbuntem Haar suchten im Chinesengeschäft Kleidungsstücke aus. Sie hielten sich gegenseitig Oberteile vor und kicherten zum nervösen Trommeln der Chinesinnenfinger auf der Ladentheke.

BATTONYA

Die buckligen Geschwister bauten Kartoffeln an. Über den Winter waren sie noch gebückter geworden, und aus der Ferne sah es aus, als bewegten sie sich auf allen Vieren durch das Feld. Im letzten Jahr hatten sie die Farbe von Maisstroh gehabt, in diesem Jahr würden sie kartoffelfarben umherschleichen.

Ich hörte sie hinter dem neuen Zaun husten, tuscheln und hantieren, ihr Schlurfen im trockenen Vorjahresgras.

Für die Kartoffeln zog der bucklige Bruder Furchen, die Schwester legte die Kartoffeln aus, und eine breite kleinköpfige Gehilfin häufelte die Erde darüber. Vom Morgen bis zum Abend krochen sie auf ihrem Feld auf und ab.

An den Straßenrändern wurden die Bäume geschnitten und das Reisig verbrannt. Die Luft roch überall brandig, die Arbeiter tranken verstohlen Bier hinter den dicken Baumstämmen. Abends hinterließen sie schwarzverkohlte Geländestreifen, der Himmel war hell bis tief in den Dämmer.

Ich wusste nicht mehr, was mir fremd und was vertraut war. Ich sah den Winter gehen, ich streifte an der Grenze entlang, in die Nachbarländer hinein, begann kleine Dinge zu fotografieren, deren Sinn sich mir vielleicht enthüllen würde, wenn ich sie auf einem Bild sah.

Attila sollte eine Mauer zum Hühnerhof meines Polizistennachbarn bauen. Die Polizistengroßmutter Margit fütterte die Hühner und sprach dabei in leisen gurrenden Lauten mit ihnen, ihre kurzen weißen Haare standen in alle Richtungen ab, wie gesträubte Federn. Beim Sprechen schaute sie immer in die Ferne. Ihre Stimme war dunkel und angestrengt, als müsse sie eine Person in ihrem Innern mühsam zum Sprechen bewegen. Einmal erzählte sie mir, unter der Treppenschwelle ihrer Haustür lebe eine Schlange. Ich stellte mir diese Schlange weiß vor.

Unter Margits Haustür lebt eine weiße Schlange, sagte ich zu Attila, als er die Fundamente für die Mauer aushob. Ja, das kann sein, sagte er, dabei blinzelte er in die schwache Sonne.

Samstags bezahlte ich Attila die Arbeitsstunden der Woche. Er schrieb die Zahl auf einen kleinen Papierschnipsel und legte ihn leise auf den Tisch. Ich schob ihm das Geld zu, dann tranken wir Wein auf der kalten Veranda. Attila erzählte mir von seiner Arbeit in Italien und in Deutschland, kleine Abenteuer in der Fremde. Ich verstand genug, um zu begreifen, dass es um die Fremde ging und sonst nichts. All seine Worte, die ich nicht kannte, und von denen er wusste, dass ich sie nicht kannte, waren nur das Gerassel der Fremde, das er mir mit seinen Handbewegungen und Blicken mitzuteilen suchte. Auch er war in der Fremde gewesen. Ich fragte mich, ob er dort die Männer- und die Frauensprache erlernt hatte, die nichts mit den Worten zu tun hatte, die sich durch sie rankten.

Wenn wir auf der Veranda saßen, lernten wir kleine Lektionen der Vertrautheit, jenseits der Sprache. Was wir sagten, war Zubehör, das Mobiliar einer Intimität, an dem man sich festhalten kann, wie die festverschraubten, dick lackierten Tische und Bänke auf dem Deck eines Ozeanschiffs.

Attila sah ein Foto, das ich gemacht hatte, es zeigte eine leere Kinderschaukel.

144

Warum machst du solche Bilder?, fragte er.

Ich betrachte die Sprache der Dinge.

Die Pappeln in meiner Straße rauschten schon in Erwartung des Laubs, in ihrem schütteren Schatten schäkerte ein bärtiger Mann mit der Zigeunerin Zsuzsa, der die Beine abhanden gekommen waren. Er lachte und neckte mit den Händen, er griff und zog, sie sagte kein Wort dabei, er lachte bloß, neigte den Kopf und stieß ihn gegen ihre Brust.

Die beinlose Zsuzsa mit schwarzem Haar war in einem motorisierten Rollstuhl unterwegs. Auf der Rücklehne klebte ein Landeskennzeichen, als wollte sie mit ihrem Rollstuhl Grenzen überqueren. Dabei reiste sie nie, ins Ausland gewiss nicht. An Feiertagen war sie der Mittelpunkt einer vielköpfigen Familienschar, die sich zu einer verwandten Familie am anderen Ende der Straße begab, oder, mit bunten Plastikgestecken in den Armen, zum Friedhofsbesuch. Nun hatte der Bärtige ein Frühlingsauge auf Zsuzsa geworfen, die den Kopf zurücklegte und in raschen Stößen kicherte, dabei schüttelte sie das lange schwarze Haar, und der Bärtige setzte sich, kaum beschattet von den rauschenden dünnen Pappeln, und ungeniert, rittlings auf Zsuzsas Gefährt, gab Laute von sich. Sie presste eine Tüte mit Suppengemüse und Zitronen an die Brust, die hatte sie eben gekauft, da wusste sie vielleicht noch nichts von des Bärtigen Späßen, jetzt lachte sie auch mit sandtrockener Stimme und schüttelte die Haare. Bei welchen Namen sie einander wohl nennen?, fragte ich mich im Vorbeigehen.

Die Ziegen meckerten schrill in ihren Ställen und brachten kleine Zicklein zur Welt. Man schnitt die Bäume, zündete große Feuer an, allenthalben hielt man Ausschau nach etwas, blickte zum noch unverstellten Horizont, unter, hinter der Sonne, gegen die Sonne, stets in der Hoffnung, irgendetwas kommen oder gehen zu sehen. Der Akkordeonspieler gab wieder lange Lieder zum Besten, die keinen Anfang und kein Ende hatten, ausnahmsweise lachte er zwischen den Liedern, ein seltenes Freiwerden seiner schartig gesummten Zähne, Kommt!, rief er, trinken wir auf den ersten Mai, bevor es zu spät ist!, und dabei spielte er ein Tanzlied, in dem mancher sogar einen vergangenen Schlager erkennen wollte.

Die buckligen Geschwister hüteten ihr Kartoffelfeld. Sie begutachteten die Furchen und lauerten auf keimende Zeichen. An Markttagen standen sie gemeinsam an ihrem Marktstand, die Schwester, ein braves Mädchen, hielt sich hinter ihm, der sich schützend über seine welke, keimende, weichgeschrumpelte Winterware beugte.

Manchmal wurde es noch kalt, und die Morgen waren weißlich vom Reif.

Attila kam und trank einen Kaffee in der Küche, draußen stand noch der Atem in einer kleinen Wolke.

Mir fehlt immer etwas, sagte er, und ich weiß nicht was.

DAS MEER

Stand man am Rand der Hügel, zeigte sich die Ebene als aufgelassenes Meer, vom Wasser verlassen, bloßgelegt und unbehütet, ein Staubland, dem Wind verfallen. Dennoch war es noch immer das Wasser, das mit stiller Sprache dieses leere Land beschrieb, die Wasseradern, Bäche, Flüsse, immer leise, heimlich, auch in den Fluten, die versuchten, den Boden wieder in ihren Besitz zu bringen. Die Erde lag dünn über dem Grundwasser, das sich mit Flüssen und Regen verbündete und weite Flächen in kurzlebige glitzernde Scheinmeere verwandeln konnte, aus denen Grasbüschel und Gestrüpp aufstiegen, als seien sie Inseln voller Ungewissheit, die der Reisende ansteuern konnte. Auch war das Angeln eine Beschäftigung, der die Hiesigen mit einer Leidenschaft und Erwartung auf ein in keine Worte zu fassendes Glück nachgingen, wie es Fremde nur an Küstenstreifen suchen würden.

Flüsse schrieben die Grenzen der Gegend, wiesen Wege, bestimmten den Verlauf von Leben und Geschichten. Zwischen den Flüssen lag das Land wie in einem Traum von seiner Meeresbodenhaftigkeit, mal von Flut, mal von Dürre geschlagen, hielt es sich an die Wolken als einziger Gewissheit, hütete in den Senken und Furchen die Erinnerung an bunte Fische, trug an den Schatten und Rufen der Vogelschwärme unter den Wolken und brachte hier und dort Schlangen hervor.

Es waren schnellwüchsige Bäume, die sich hier zu schütteren Hainen zusammentaten, faserige Hölzer, wie sie rasch aus dünner Erde und viel Wasser groß werden, Bäume, die im Wind immer rascheln und nicht rauschen, die trockene dünne Stimmen haben. Einige warfen Früchte ab, die niemand wollte, groß, bitter riechend, rund, mit narbiger Haut wie verwachsenes Geschuppe, die am Wegesrand allmählich aus ihrem gelblichen Grün ins Wegesgrau zerfielen und nicht einmal einen Namen hatten. Ich sammelte eine auf, einen nicht ganz festen kühlen Ball, um den einen oder anderen zu fragen, was für eine Frucht es war. Zoran roch daran und zuckte mit den Schultern. Die liegen nur am Straßenrand, sagte er. Keiner kann sie brauchen. Nicht mal die Vögel wollen sie.

Die Frucht schrumpelte langsam auf meiner Veranda, wurde immer unscheinbarer, farbloser, irgendwann war sie verschwunden.

Wie fand man sich zurecht in einem so unwägbaren Landstrich? Wo ließ das Herz sich nieder zwischen so Namenlosem, wo hielt sich das Auge fest, zwischen Staub und Sumpf, wenn nicht am Horizont, der aber doch unweigerlich das Nicht-hier ist? Vor dem die Ruhe und die Ruhelosigkeit zu einem wurden?

GOTTLOB

Gottlob war ein Friedhofsdorf, unwillkürlich kam der Blick
von der Straße ab und schlug sich am Friedhof entlang
über einen tiefen Feldweg, bis hin zu den letzten Gräbern,
einem Gedränge von Kreuzen am Rand zum offenen Feld.
Gegenüber dem Friedhof ruhte die Tankstelle neben blau-
en Gasflaschenkäfigen. Zwischen den Zapfsäulen lungerte
ein Mann in Overall herum, Tankwart, fiel mir bei seinem
Anblick ein, so alt kam mir das Wort plötzlich vor, zerfiel
in meinem Kopf in seine Einzelteile, während es in dieser
dörflichen Mittagsleisigkeit der Fremde mir in den Sinn
wehte, ein blaues Wort aus Öl- und Staubgerüchen. Zwei
Zigeunerkinder zogen einen Leiterwagen mit einer leeren
Gasflasche zur Tankstelle, Hunde trieben sich am Straßengraben herum.

Deutsche Grabstätten unter hohen Bäumen, ovale Fotografien der Betrauerten, Frauen strenger Frisur und kühlen
Blicks, Herren mit steifen Kragen und Schnauzbärten, lauter
Längstverstorbene, Friederike, Gertrud, Wilma, Paul, Otto,
Oskar, Herrmann. Zeit und Wind und allgemeine Unbill
hatten an vielen Bildnissen gezehrt. Hier und da blassten
nur noch die leeren ummeißelten Ovale im grauen Stein,
Gesichter waren zu Grimassen, Grinsen, Blindheit geborsten und angefressen oder zu einem hellen Fleck erbleicht,
dem kein Gesichtszug mehr geblieben war. Zwischen den
Gräbern Veilchengrün, an Grabsteinen lehnten Rosen ver-

gangener Jahre, farbloses Gestrüpp, unverfault, nur so da-
hingewelkt und vertrocknet. Hinter den deutschen Gräbern
lagen die rumänischen zwischen Sonnenflecken und Kieseln. Früher, als es noch deutsche Begräbnisgesellschaften
gab, schlurfte und scharrte jeder dunkel unter dem Pasto-
renhauch nach seiner Schaufel Erde davon, in ein deutsches
Wirtshaus zu Trauer und Trost. Am rumänischen Grab
wurde unterdessen im Schatten des Popen süßer Wein oder
Schnaps getrunken und kleines Gebäck verzehrt. Speise für
jeden, den es, und sei es nur aus Hunger, in diesen Abschied
verschlagen hatte.

Es war still auf dem Friedhof, nur am fernen Ende standen zwei Frauen bei einem rumänischen Grab. An der
Tankstelle rasselte der Gasflaschenkäfig. Hinter dem Friedhof erstreckte sich eine Wiese, ein unbestelltes, vielleicht
verwaistes Feld, noch mischte sich übriggebliebener Winter zwischen das Gras, frühe spärliche Blumen, die wenigen Wolken warfen Schatten, in der Ferne ein paar Bäume,
leeres Land so weit das Auge reichte, blaue Umrisse ferner
einzelner Gebäude, so schwach und zitternd in der Luft, als
könnte sie der Wind mit einem Schwung davontragen, um
ihre Stelle mit mehr Himmel zu füllen. Mir fiel das Wort
Heimweh ein, ein schönes Wort, dachte ich. Kannte ich
Heimweh, ein Verlangen nach einem Ort, dem man zuge-
hört, dessen Vertrautheit alles andere in den Schatten stellt,
ein Verlangen, das jedes andere Verlangen augenblicksweise
verzehrt und nur noch dieser Zugehörigkeit gilt? Nein, ich
kannte dieses Gefühl nicht und konnte mir doch hier, an
diesem mir gänzlich fremden Ort, der mir durch nichts lieb
oder unlieb sein konnte, mit diesen Gräbern, Namen, teils
versehrten Gesichtern völlig Unbekannter im Rücken und

den wogenden Spuren des Winds im Gras vor mir vorstellen wie sich Heimweh anfühlt, nicht in meinem Herzen nach einem grundheimatlichen Ort, den es nicht gab, sondern in einem Irgendherz und nach diesem Ort, nach diesem Licht, diesem Blick zum Horizont, nach dieser Biegung der Wege und Neigung der Schatten, den Frühjahrstümpeln und dem Surren der Flügel großer Vögel.

Ich fuhr weiter nach Bulgarus, Iecea Mare und Iecea Mica und Cărpinis, kleine Dörfer mit langen baumgesäumten Wegen zum Horizont, zwischen den Dörfern holprige Alleen mit ihrem Zubehör aus Pferdchen, Wagen und den wanderäugigen Reisenden darauf. Die Kirschbäume blühten, kalkweiße Stämme in langen Reihen zwischen Häusern und Weg, es war in der Woche vor den rumänischen Ostern, und in den Gräben am Wegrand qualmte das Reisig der gestutzten Bäume in schüchternen Feuern, schwarzgekleidete Frauen und Mädchen kehrten aus der Kirche heim.

Im Dämmer kam ich nach Sinpetru German, im schwindenden Licht schwebten die Dinge, die sonst am Boden haften, die Luft war erfüllt von klopfendem Trommeln, Holz auf Holz, kleine Rhythmen, die sich ineinander verschlangen, sich wiederholten und voneinander entfernten, Frauen traten vor die Hoftore und standen reglos in den Dämmer und die Trommellaute gehüllt, hölzerne Abendlieder, die nicht aufhören wollten. Klangversuche zur Überwindung der Schwerkraft der Dinge.

Toaka, sagte ein Mädchen zu mir, ungefragt, sie saß unter einem Kirschbaum am Rand der Straße, wo ich hielt, ohne sie zu sehen. Das ist die Toaka, wenn die Glocken nicht geläutet werden dürfen.

Ein kluges Kind, das seine Welt dem Fremden zu erklären weiß.

Nimmst du mich mit?, fragte sie, sie schwenkte eine kleine Tasche und stieg ein.

GRABAȚ

Zu den rumänischen Ostern war die Luft hellbunt über den Feldern. Vom Kalvarienhügel des Friedhofs in Grabaț sah man hellgrüne Wolken, die sich um die Chausseebäume gelegt hatten, schütteren Flieder in Gartenecken, Inseln aus Wiesenschaumkraut und Löwenzahn in den Feldsenken. Jungen spielten Fußball auf einer Wiese hinter hohen Baumstämmen, sie waren Farben, die zueinander und auseinander strömten. Sie stießen Rufe aus, pfiffen, wurden dann still und langsam, gingen mit schlenkernden Armen und auf schwachen Knien davon, als wären sie aus einem Traum erwacht oder hätten auf einen Pfiff hin das Spiel verlernt. Der Himmel stand weißlich über den schwarzen Vogelhäkchen, die zwischen den Baumspitzen ihre kleine Frühlingssprache in die Luft kritzelten. Die Grabkreuze wuchsen bis weit in offenes Feld hinaus aus dem noch fahlen Gras, trocken und weich ging der Wind darüber, Zerbrochenes erschien zwischen den Halmen und verschwand wieder, die letzten Scherben eines Grabporträts unter den braungeschnurrten Hagebutten des vorigen Jahrs, der Arm eines Holzkreuzes, von Frost und Regen bleichgemachtes Rot und Lila und blaues Blattgrün alter Grabgestecke aus Kunststoffblumen. Frauen stützten sich auf Rechen und Harken, die sie zum Säubern ihrer Gräber mitgebracht hatten und sprachen, dann schwiegen sie unter ihrem schwarzen Kopftuch, mit

153

neugierschmalem Blick angesichts Fremder. Aus Hinter-
gärten wehte Akkordeonklang, in einer Wirtschaft richtete
man sich für den Tanz am Abend. Junge Mädchen, die das
Kirchenschwarz der vergangenen Woche hinter sich gelassen hatten, drückten sich bunt und glitzernd um das Tanz-
zelt, drehten Haarsträhnen um die Finger zu Locken, ließen
kleine Kettchen klirren, Katzensilber und Trompetengold
– so viel Schmuck mit seinen dünnen Tönen. Unter dem
schweren Zeltdach probten Musiker ihre wintersteifen Finger und Lippen an Instrumenten aus. Schiefe Tänze würde
es zuerst geben, bis all das Müde und Träge und Schleifen-
de, all dieser Fuß- und Hand- und Hüftschlendrian vertrie-
ben sein würde, bis dahin würde es schon tiefdunkel sein
und die Herzen warm unter den vom Schweiß stumpfen
Kettchen und Medaillons.

Wie in den anderen Banater Dörfern bewegten sich auch
hier die Gardinen an den Fenstern, wenn draußen etwas
geschah. Ein betrunkener Junge rüttelte am Eisentor eines
Hauses und rief nach seinem Vater. Vater!, rief er, Vater,
Vater! Lass mich rein! Sein Fahrrad lag ärmlich neben ihm
im Straßenschmutz. Vater!, fing er wieder an, und das Tor
schlug metallisch zu seinen Worten, Vater!, lass mich doch
rein! Die Gardinen an den Fenstern schaukelten, eine alte
Frau trat aus der Seitentür des gegenüberliegenden Hauses
und stand, in ihrer Verwachsenheit mit den Farben der Gegend fast unsichtbar, zwischen Holzstößen, Gerät und blassem Vorjahrsgestrünk um zu schauen. Ihre Hände wrangen
und rieben langsam die Schürze vor ihrem Bauch.

Dann gab es einen Unfall an der Ecke. Ein sehr alter
Dacia und ein großes schweres Auto mit blitzenden Scheiben und Spiegeln prallten gegeneinander. Eine erschreckte

Kinderschar sprang aus dem auseinanderbrechenden Dacia, lauter Jungen in dunklen Feiertagsanzügen, den beiden Kleinsten rutschten die Ärmel bis an die Fingerspitzen. Weinend standen die Kinder am Straßenrand, während ihr dünner feiertäglicher Vater die Hände und Arme vor zwei Männern aus dem großen Auto beschwörend und begütigend hin und her warf und ruckte. Der betrunkene Heimkehrer hatte aufgehört, nach seinem Vater zu rufen, und das Tor tat sich auf, Vater und Sohn starrten mit offenen Mündern auf das, was vor ihren Augen geschah. Aus den umliegenden Gassen eilten Schaulustige herbei, accidente!, accidente!, riefen sie sich zu, Hunde rasten hinter den Toren. Eines der Kinder bückte sich aus seiner Bestürzung hinaus nach dem verbeulten Fahrrad neben dem betrunkenen Sohn, stieg auf und begann wacklige Kreise zu ziehen, die schwarzen Anzugbeine schlotterten ihm um Waden und Knie, die Anzugbrüder erwachten aus ihrem Schrecken und liefen dem Radler bettelnd hinterher, auch sie wollten sich Angst und Betretenheit aus den Beinen strampeln, sich in den Fahrtwind stemmen, sich an etwas festhalten, so plötzlich aus allem Festen geschleudert, dem Anblick ihres in einzelne Teile zerbrochenen Gefährts so hilflos ausgeliefert, während die Aussicht auf Tante Vladimiras Osterkuchen und Onkel Ioans Akkordeonspiel, auf Großmutters Gebetsformeln und die unter immer schweratmiger stöhnenden Akkordeontönen unweigerlich eintretende glanzäugige Erwachsenenseligkeit des späteren Abends so fern gerückt, ja durch den unbesonnenen Schlenker ihres Vaters so plötzlich in ein gar nicht zu beschreibendes Jenseits übersiedelt war. Haltet den Dieb!, rief der Vater des Betrunkenen auf einmal, als er sah, wie seines Sohnes Fahrrad unter den schwarzen Kindern

155

weiter und weiter wegrollte, Haltet den Dieb! Keiner wollte sich vom accidente losreißen, was ging sie das Fahrrad an, sie hatten Haus und Garten im Stich gelassen, um anderes zu sehen als einen Fahrraddiebstahl im österlichen Dorf. Frauen mit Kleinkindern auf dem Arm schubsten sich lachend an, als ein weiteres Daciateil vom Wind gestreift zu Boden schepperte. Welch ein Anblick, dieses nach dem einen Aufprall nur noch zum Schrottgroschen taugende Auto, mit dem man zum Fest aufgebrochen war! Vergeblich suchten die Augen nach Blut, kein Tropfen dunkel im Straßenstaub. Enttäuschung fand sich auf den Gesichtern der Schaulustigen ein – wie konnte es sein, dass etwas so sehr zerbrach und keine Verletzungen mit sich brachte? Ein Handgemenge zwischen den Unfallfahrern bahnte sich an, und zwei, drei Männer scheuchten die Unfallkinder zusammen, vom Fahrrad weg, das in den Straßengraben sank, und trieben sie als verschreckten Schwarm wieder zurück an die Stelle ihres großen Unglücks, als ein Krankenwagen kam und hinter diesem die Polizei. Der Daciavater zog seine Fäuste aus dem Handgemenge und warf sich ohne Zögern auf die Bahre, kaum hatten die Sanitäter sie hervorgeholt, und die Männer aus dem großen verbeulten Auto versteckten sich hinter ihren Sonnenbrillen und schickten sich ebenfalls an, Opfer zu sein.

Ratlos verharrten die Sanitäter mit Bahre und Vater am Straßenrand. Die kleine Menge der Schaulustigen wandte sich den Polizisten und den Geschädigten aus dem großen Auto zu. Zwischen Brennholz und Geräten ließ die alte Frau die Schürze sinken, der betrunkene Sohn schlich durchs Tor ins Vaterhaus. Die Kinder in ihren schwarzen Anzügen scharten sich um die Bahre. Sie hielten die Köpfe gesenkt, während der Vater mit erhobener Hand zu ihnen sprach. Sie fügten sich so zu einem ganz feierlichen Bild, als hätten sie in weiser Voraussicht ihre Feiertagskleidung für diesen Augenblick angelegt, in dem ihnen zum heimatlosen Verbleib auf diesem staubigen Dazwischen, von Aufbruch und Ankunft gleichermaßen entfernt, der unverhoffte Segen erteilt wurde.

LENAUHEIM

Der Himmel stand blau und weiß in den Pfützen unter der unzeitigen Hitze des Frühjahrs, die Wiesen und Gärten, kaum vom zerschmolzenen Winter überschwemmt, in dampfendem Dunst, die Hunde suchten den Schatten, die Katzen die Sonne. Lenauheim lag sonntagsstill. Die Scheiben des Wartesaals im Bahnhof klafften, Gleise liefen in beide Richtungen davon, in einem leisen Schwung, von Wasserwiesen gesäumt, bis an den Rand des Himmels, die Telegrafenmasten zitterten, stille Buchstaben der Ferne und Entfernung. Am Bahnhof machte sich ein Mann mit spärlichem Haar in einem Garten zu schaffen, er wollte hier wohnen, die Familie hatte er schon in den oberen Räumen einquartiert, denn hier gab es Platz. Jetzt säte er Karotten, Petersilie, Liebstöckel, Matthiolen und Levkojen, nichts mit verzweigtem Wurzelwerk wie das wütende Unkraut, das in der sausenden Hitze der Sommermonate alles beiseite drückte. Der Mann richtete sich auf und redete in einem fort, als hätte er beim gebückten Hacken und Wühlen in der feuchten Erde etwas einstudiert, das er nun zum Besten geben wollte. Er hatte auf Zuhörer gewartet, dabei war ihm jedes Anliegen lieb, so stand er wichtig da, die Beine leicht gespreizt, die kleine Hacke in der abgewinkelten Hand, und hielt einen Vortrag über den Zustand der Eisenbahnen in diesem Winkel Rumäniens. Bei uns, sagte er immer wieder, bei uns macht man jetzt die Stationen zu, jetzt sollen die Schaffner die Fahrscheine verkaufen, es wird keine Bahnhöfe mehr geben, nur noch Bahnsteige, wo man in den Zug einsteigen und aus dem Zug aussteigen kann, allenfalls wird es einen Bahnsteigswächter geben, einen womöglich klumpfüßigen und zu nichts weiterem tauglichen Bahnwärter, der die schlimmsten Unfälle durch seine bloße Anwesenheit vermeiden soll, Stürze von den steilen Türstufen, Kollisionen mit kreuzenden Fahrzeugen etwa, Handgemenge unter Diebstahlsvorwürfen, er soll eine Herberge für Abstellgut der Reisenden bieten, ein Licht in der Dunkelheit der langen Winternächte, doch unsere schönen königsgelben Bahnhöfe werden dem Verfall preisgegeben, die hübschen Schalterfenster, die hölzernen Vertäfelungen der Warteräume, das Schnitzwerk an den Giebeln der überdachten Perrons.

Gibt es hier noch Deutsche?, hatte ich ihn gefragt, so bekam ich diesen Vortrag zu hören, und ganz zum Schluss sagte er: Was wollen Sie denn von den Deutschen, ich sagte: Nichts.

In der Kindheit mussten wir Drei Zigeuner sah ich einmal singen, die Sonne fiel schwach durch die Wipfel hoher Bäume, im Herbst war das Licht weiß vom Nebel, der vom Fluss aufstieg, ein Gartenzwergland zwischen Hügeln und festen Worten, da saßen wir und sangen deutsches Liedgut mit dünnen Stimmen, und ich wartete immer auf diese Drei Zigeuner und das Heideland mit den seichten Reimen und der immerwährenden Unstimmigkeit der Melodie.

In Lenauheim steht ein schwarzes Denkmal für den Dichter. Die Zigeuner sitzen vor den Häusern, die Wäsche flattert in den überdachten Veranden, in den Höfen türmt sich altes, zusammengeklaubtes Gerät, zerbrochene Wagen, wie sie einst durch die Heide schlichen, Autoteile, Reifenstapel. An den Hausgiebeln in Reliefschrift die Erbauernamen, Roemer, Paul, Dinescu, in anderen Dörfern heißen sie Vidicki, Georgiev, Rosen, Matica, die Häuser sind fast überall gelb, dazwischen der eine oder andere drei-, vierstöckige Block mit rostigen hellblauen, roten, gelben Balkongittern, bunte Plastikschnüre im Eingang zum Magazin Mixt und zur Bar im Erdgeschoss, wo die Männer stehend ihr Bier trinken, kleine, lockere, schweigsame Gruppen, die fremden Autos hinterher schauen.

In den Gräben von Lenauheim stand das Winterwasser, die Gänse zischelten an, wer ihnen zu nahe kam, die frischgeweißten Kirschbäume entlang der unebenen Straßen begannen zu blühen. Kinder jagten Entenscharen und Hühner, die Zigeuner blickten misstrauisch, als wüssten sie von dem Lied, das ich in ferner Schulklassenkindheit sang, stets am richtigen Ton vorbei. Vor einem Haus rupfte eine alte Frau in einem schwarzen Kleid an einem immergrünen Strauch. Ihre Bewegungen waren eckig und abgehackt, neben ihr lag eine Heckenschere im Gras, doch diese benutzte sie nicht und fuhr stattdessen mit den zu einer Schere verwinkelten Unterarmen in den dunklen borstigen Strauch.

Wo ist der Friedhof?, fragte ich sie auf Deutsch, sie drehte sich um.

Da, sagte sie, und nickte mit dem Kopf in eine Richtung. Ihre Stimme schnarrte aus einem kleinen Kasten in ihrer Kehle, es war eine rasselnde klanglose Sprechpuppenstimme, ein totes ›Da‹, bei dem sie den Kopf ruckte und den Hals steif zur Seite lehnte.

Ist es weit?, fragte ich, und wusste nicht warum, nichts hier war weit, die Straßen verliefen schnurgrade und überkreuz, von jeder Straße aus sah man schon das Ende des Or-

tes, warum wollte ich diesem Schnarrkasten noch etwas ent-
locken, ein Kastenwort, das sich immer so anhören würde,
als sei es eine Antwort, die in keinem Wissen, keiner Erinnerung, keiner Herzensregung zu Hause war, sondern mit einem Knopfdruck abgerufen wurde, eine Automatenantwort,
die nur ein Bedürfnis stillen konnte, nämlich die Begierde
nach dem Schauer im Angesicht der völligen Abgeschnit-
tenheit vom eigenen Wort.

Die Frau sagte nichts. Sie schüttelte den Kopf, zeigte mit
einer Scherenhand auf ihre Kehle, dann wandte sie sich wieder dem Busch zu und stieß die Hände, die jetzt wie zum
Gebet gefaltet aussahen, in das sperrige Gezweig.

DER FISCH

Es gibt Rinnsale, Tümpel, Brunnen und Pfützen hier, keine Flüsse, von einem Strom ganz zu schweigen. Und doch lag eines Sommermorgens ein Fisch mitten auf der Hauptstraße. Es war ein großer Fisch, wie aus einem großen ernsten Gewässer, er war lang wie ein Männerarm, schwer und glänzend, als sei er eben erst aus dem Wasser gezogen worden, das Maul stand ihm offen, und manche wollten ihn sogar noch nach Luft schnappen gesehen haben. Von solchen Fischen hatte man höchstens in Geschichten gehört, und rasch bildete sich eine Gruppe von Neugierigen um das Tier. Er war rosig, mit braungrauen ungleichförmigen Tupfen übersät, der Bauch weiß, doch an einzelnen Stellen zeichneten sich blasse bräunlichrote Flecken ab. In Farbe und Gestalt sah man ihm auf dem stumpfgrauen staubigen Boden unserer Gegend die unglaubliche Fremde an. Das Maul stand offen, ein scharfer Stachelzahn unter der Maulspitze ragte nach innen in die dunkelrote Höhlung. Eine Flosse mit borstigen Fransen hing ihm schlaff von der Seite, und am unteren Ende seines Rückens ragte eine kleine Flosse steif in die Luft. Der Schwanz sah aus, als bestünde er aus hart und glasig gewordenen Federn und sollte ein Flügel sein, und vielleicht war es auch so, vielleicht war es der Schwanz, der dem Fisch in diese Gegend verholfen hatte, wo kein Gewässer einen solchen Fisch hätte beherbergen können. Ungeachtet der Behauptungen vom luftschnappenden Maul ließ sich an dem Fisch im beginnenden Sirren und Knistern dieses heißen Sommertages nur Reglosigkeit feststellen. In seiner ganzen Reglosigkeit aber wirkte er nicht tot, was daran liegen mochte, dass man hier noch nie einen solchen Fisch lebend gesehen hatte.

Langsam wurde die Haut des Fisches erst glasig, dann stumpf, das schräge Auge, das uns zugewendet war, überzog sich mit Trübe, das Maul klaffte nicht mehr, sondern schien mit beiden Kiemen zur Seite zu kippen. Die Füße der Neugierigen hatten viel Staub aufgewirbelt, der nun einen dünnen Film auf dem Fisch bildete. Kleine Steinchen klebten an seinem Bauch. Die Sonne schien sehr heiß, und alle suchten den Schatten auf, um den Fisch aus der Entfernung und mäßiger Kühle zu beobachten. Blickte man aus dem Schatten hinaus auf den Fisch in der Sonne, wirkte er wie eine Aufwerfung des Bodens, von hellerer, wärmerer Farbe, eine Staubverwehung, die sich mit etwas vermischt hatte.

In der blendenden Helligkeit schien die Gestalt des Fisches auf der Straße zu flirren und sogar an Umfang zuzunehmen. Das war allerdings keine Spiegelung der heißen Luft, sondern die Bewegung unzähliger Fliegen, die sich auf dem Fisch eingefunden hatten und am Nachmittag, als die Sonne tiefer stand und man sich wieder um den Fisch versammelte, in einer großen schwärzlichen Wolke aufstiegen. Der Fisch hatte sich sehr verändert. Sein Körper war uneben geworden, an einigen Stellen wölbte er sich auf, an anderen war er eingesunken, und die nur noch schwach erkennbaren Tupfen schienen sich unter den neugierigen Blicken aufzulösen. Diese sich langsam vollziehende Auflösung war das Werk unzähliger Maden, die von dem Fisch Besitz ergriffen hatten.

Es war ein sehr schöner Abend. Vögel sangen hoch am Himmel, der sich erst rosigviolett, dann grünblau verfärbte, als die Sonne sank. Wie so oft an Sommerabenden kam lindernder Wind auf. In der Ferne bellten Hunde. Frauen lachten in den Gärten, ein Kind sang. Im langsam und sehr sanft schwindenden Licht des Tages wurde auch das hektische Wimmeln der sichtbar fetter werdenden Maden zu einer einzigen weichen, leisen, wogenden Bewegung, in der sich der nicht mehr nur leblose sondern inzwischen seinem ganzen Fischsein entwachsene Körper zu heben und zu senken schien, und mit jedem Heben und Senken verwischten sich die Grenzen mehr zwischen einstigem Fisch und Maden, Schwinden und Wachsen, dem Fremden, das es so unversehens und unerfindlich in diese Gegend verschlagen hatte, und dem vertrauten Staub und Gestein der Straße. Als es schließlich ganz Nacht geworden war, ließ sich nur noch ein ungefährer Klumpen ausmachen, etwas Beliebiges, Verlorenes, Verlassenes, Gleichgültiges, etwas, das unter Schritten oder Rädern zerfallen, beiseiterollen oder ein Hindernis bilden konnte, etwas, das keinen Namen mehr hatte und in der unbeschreiblichen Weite irgendwie aufgehoben war.

Fliegen, Würmer und Ameisen trugen den Fisch am folgenden Tag bis auf sein glasiges Gerippe ab, das noch einige Zeit dort lag, bleichte und mit der Zeit auch zerfiel. Am längsten hielt sich das Schwanzgefieder. Kaum glaubte man es zermalmt oder verschwunden, tauchte es an irgendeiner anderen Stelle am Wegrand wieder auf. So führte es ein kleines Leben, ganz für sich, fischlos, in der trockenen Fremde, ein allein durch seine gänzliche Unzugehörigkeit bestimmter Abenteurer, der erst mit den anhaltenden Herbstregen davongeschwemmt wurde.

JIMBOLIA

Im Zug nach Jimbolia saß ich in einem Abteil mit zerkratzten Scheiben. Weißliche Krakel und Zickzacklinien reisten über die Landschaft. Unleserlich breiteten sie sich über alles dort draußen. Bäume verfingen sich, Vögel verschwanden darin, sogar die Störche, die über sumpfiges Gelände flogen, die großen leeren Felder waren Tafeln für die Krakelsprache an meinem Fenster.

Ein Mann und eine Frau stiegen ein und setzten sich zu mir ins Abteil. Sie schenkten dem Fenster keine Beachtung und erwiderten auch nicht meinen Gruß. Sie saßen einander gegenüber, eine sehr dicke Frau mit säuberlich gelegten Locken, einem blauen Pullover und einer Hose mit Bügelfalte. Sie war so dick, dass der unruhige Zug ihren ganzen Körper in stetem Wogen hielt. Auf dem Schoß hielt sie eine karierte Stofftasche mit Kunstlederhenkeln. In solchen Einkaufstaschen ließen die kitteltragenden Hausfrauen meiner Kindheit Konservendosen, Kekspackungen, Würste und Scheuerpulver verschwinden.

Der Mann saß der Frau gegenüber. Er war älter als sie und schmächtig. Er war ganz in braun gekleidet, die Knie seiner Hose waren ausgebeult, und seine Kniebeulen stießen an die scharfen Kanten ihrer Bügelfalte. Die beiden waren sich zärtlich zugetan und streichelten einander die Hosenbeine. Bald zog die Frau ein Butterbrot aus der Tasche, das in gelbliches Papier eingewickelt war. Sie wickelte es aus und reichte es dem Mann. Kerrsz?, sagte sie auf Ungarisch, willst du?, das Wort kam kurz und borstig aus ihrem Mund, der Mann nahm das Brot, weißes Brot mit lappigem Fleisch dazwischen. Er aß in großen Bissen, zwischendurch sprachen sie etwas. Sie sprachen nur in kurzen Worten, von denen jedes rau und stachlig klang, als müsste es in der Kehle kratzen, sie stießen sich die Worte zu, schnellten sie aus dem Mund, die Worte hatten eine kurze Reise, dann erloschen sie. Die Frau zog immer weiter Butterbrote aus der Tasche und reichte sie dem Mann, kerrsz?, sagte sie immer wieder, willst?, willst?, willst?, und der Mann aß, klein und braungekleidet, ältlich und etwas muffig riechend, kaute er und kaute, zwischendurch liebkosten sie einander um Knie, Schenkel und Waden, nie an anderen Körperteilen. Nur der schmächtige Mann kaute und schluckte, die Frau reichte, gehorsam nahm er ein Fleischbrot nach dem anderen entgegen, sagte nicht ja oder danke auf ihre Fragen, nahm nur, er wischte sich die Finger nach dem letzten Brot, als der Zug in Jimbolia eintraf, die Krakel lagen jetzt müde über einem Streifen Ödland, Gleise, Schotter, Reste eines Pflasterwegs, Unkraut zwischen den Steinen, eine Fabrik, oder ein Silo. Alle stiegen aus, hier war die serbische Grenze, jedermann in diesem Zug aber wollte nur nach Jimbolia, suchte dort womöglich ein gewisses Glück. Am Bahnsteig, unter dem Bahnhofsvordach saßen Jugendliche auf der Bank, bunte Kinder in dünnen Hemdchen und dicken Stiefeln, sie waren ganz mit sich beschäftigt, wollten auch in keinen Zug steigen, wollten nur an diesem Fort-Ort sitzen und sich die Schönheit ausmalen, die sich ihrer bemächtigen würde, sollten sie sich eines Tages von dieser Bank, diesem Bahnsteig, diesem Anblick grenzwärtiger Gleise reißen und mit einem

Zug an einen großen, gänzlich anderen Ort verschlagen lassen, sie alle miteinander.

Vor Jahrzehnten lag Jimbolia auf der Strecke des Orient Express. Er traf im Dunkeln ein, Licht fiel aus den Waggonfenstern auf die gefegten Bahnsteige, Villen dämmerten im Hinterland der Gleise, wo jetzt blassfarbene Wohnblocks stehen, auf dem Vorplatz des Bahnhofs polierte Automobile, womöglich taumelten unglücklich Verliebte aus dem Zug und über regennasses Pflaster den Corso hinab, auf den Stadtpark zu. Das war zwischen den Kriegen, eine Vergangenheit, der in Zahlen gedacht wird oder in der wackligen Stimme eines Greises, der bei der Erinnerung an den Orientexpress aus seiner Vorgartenmüdigkeit erwacht. Jimbolia gehörte mal hierhin, mal dorthin im grauen grenzländlichen Treibsand der Ebene, mit den Zugehörigkeiten änderten sich die Farben der Fahnen und die Musik der uniformierten Kapellen, aber nicht der Staubgeruch in Polstern und Vorhängen hinter selten geöffneten Fenstern, die kleinen Liebschaften und Hoffnungen, die am Anblick des Horizonts rasch ermüden und sich vom sanften Licht der Erinnerung einen größeren, steteren Glanz versprechen als von einem auch noch so kurzen Zusammenstoß mit einer Erfüllung.

Ein flacher Pferdewagen hielt vor einer Gasthausterrasse. Vier Zigeuner luden Betonbrocken von dem Grünstreifen längs der Straße auf den ächzenden Wagen. Sie arbeiteten langsam, verzogen die Gesichter unter dem Gewicht der Brocken. Dann wurde das Pferdchen zur Weiterfahrt gelockt, beschnalzt, getrieben, bis es sich in Bewegung setzte, die Zigeuner schwangen sich auf die Trümmer. Der Wagen schwankte, quietschte, rollte, verschwand. Die langen geraden Alleen, die von Jimbolia aus ins Land führen, nach Grabaţ, Carpinis und Comloşu Mare, waren voll von diesen flachen Pferdewagen, die Kutscher blickten nachlässig, die Pferde trotteten an den tiefen Schlaglöchern vorbei. Särge nennt man diese Wagen, hörte ich.

Es war ein farbloser Samstagmittag unter schwerem Himmel, die lanzenblättrigen Grünpflanzen im Blumengeschäft wurden zum Wochenende im Eingang hinter der Glastür zusammengerückt, da sollte der gelegentliche Passant sie durch die verschlossene Pforte betrachten und begehren können. Junge Männer strichen sich über die kurzgeschorenen Schädel, die Mädchen waren blond, trugen pastellfarbene Sommerkleidung, sie lungerten in verstohlener Paarhaftigkeit überall, schwenkten Getränkebüchsen, warfen sich Rufe zu, äugten. Hier gedieh das kleine Leben der verschlafenen Lust, die sich aus den vielen bröckelnden, blätternden, schwankenden, dämmernden Schichten der Kleinstadt nährte, in den stillen Straßen abseits des Corso, an den blassen Ausfransungen ins offene Land blühte die Vergangenheit zwischen allen Ritzen, die Stadt atmete kaum merklich vor Langsamkeit, aufgehoben im Zeitlosen, in der Hinnahme jeglicher Grenzverschiebungen. Man zwinkerte sich zu wie auf dem Theater, wenn die Barrieren hinauf- und hinuntergingen, ein Fuß in Rumänien, der andere schon in Serbien, aus einer Bude tönte ein Akkordeon, Männer nickten, jedermanns Schuhe waren staubbedeckt.

FRONTIERA

Das erste Frühlingsgewitter kam an einem Sonntag, im scharfen Nachmittagslicht wirkten die Dinge flacher als am Morgen, alles rückte näher, die Schatten wurden dunkler, am dunkelsten die Schatten von zwei Frauen an einem Straßenrandfriedhof. Der Friedhof sah in diesem Licht aus wie eine Stätte der Überbleibsel, über die ein rätselhafter Wind der Verwüstung hinweggegangen war, ein Feld der Stümpfe, grau und nackt ragten sie in die plötzliche beißende Hitze. Die beiden Frauen sahen sich um, einen trägen Argwohn im Blick, der hier selten war. Sie trugen kleine Geräte in der Hand, Gartenharken und eine Kanne, um zwischen den Stümpfen Ordnung zu schaffen. Ich bog von der Straße ab in einen kleinen Weg, da fuchtelten sie mit den Armen, Frontiera, riefen sie, Frontiera, sie winkten, ihre schwarzen Jackenärmel flatterten, sie sahen aus wie Vögel. Grenzvögel, eine langschnabelige, dunkelfiedrige Sorte, die am Rand der kleinen Wasserläufe ihre Nahrung sucht.

Unter einem Baum saß ein Mann in Uniform. In einem Wagen, halb verdeckt zwischen grauem Gebüsch, schlief ein zweiter unter seiner Berufsmütze. Der Sitzende erhob sich. Was wollen Sie?, fragte er, als hätte er etwas zu verkaufen, ein Stück Grenze vielleicht, ein Streifen Land, breit genug, um von der einen auf die andere Seite zu wechseln.

In der Nähe, zwischen sumpfigen Auen und schütteren Bäumen, spürte man den Fluss. Aranca, die kleine Goldene, die ein paar Meter weiter Zlatica wurde und noch ahnungslos dahinfloss, der Tisa entgegen, die ihr bald in die Quere kommen würde.

Später sah ich zwei Ziegen an demselben Fluss, das war in Sinnicolau Mare, Nagyszentmiklós, eine Greisin saß auf einem schiefen Stuhl im violetten Gewitterlicht und betrachtete die Straße, die sich hier gabelte, nach Ungarn, nach Serbien. Lastwagen wirbelten Staub auf, Hunde trotteten erschöpft über den schmalen Geröllstreifen zwischen Asphalt und der Böschung zum Straßengraben. Die Luft war erfüllt von Froschgesang in Erwartung des Regens, die Ziegen schauten reglos und weiß, zwei Frauen unter einem noch kahlen Baum winkten mich heran, Bartók Béla?, fragten sie, ja, hier war er geboren, am goldenen Fluss, und deshalb kamen die Fremden, schauten sich zwischen den Fröschen und Hunden um, und fotografierten sich vor dem rostroten Tor einer Autogarage. Neben dem Tor hing eine gilbige ungarische Dreifarbenschleife an einem verdorrten Kranz.

Später donnerte es, die alten Frauen blieben auf ihren schiefen Bänken sitzen, der Regen stand milchigblau in der Ferne, möglicherweise jenseits der Grenze, in Serbien oder Ungarn, wo nun die Wasseradern schwollen und die Frösche glücklich wurden. Unter einem Regenbogen stand ein Kesselflickerwagen mit roten, schwarzen und gepunkteten Töpfen behängt, mitten auf einer großen Wiese, Pferdchen grasten im struppigen Abseits, Kinder bauten einen Holzhaufen für das Abendfeuer. Die Wiese war riesig, gegen die Gewitterwand und den sich dagegen wölbenden blassen Regenbogen gelblich wie ein Bild aus verrutschten Farben, und in dieser fahlen Gelbheit, der Weite, mit dem seltsamen, bepackten Gefährt, dessen scheppernde Fahrt man sich gar nicht vorstellen mochte, mit den springenden Kindern um die zukünftige Feuerstelle, die vorerst nur ein dunkler Fleck war, eine sperrige Wölbung im büschligen Gras, so lag sie da wie ein Land für sich, ein abgestecktes leeres Land, das allem anderen ringsum einschließlich des Himmels samt Regenbogen und Gewitterregen so fremd war, dass seine Grenze keinerlei Bewachung bedurfte.

BATTONYA

An einer Ecke meiner Straße stand das Schrotthaus, auch
so ein Zigeunerhaus, wie es hieß, Kinder brachten Gerüm-
pel auf Leiterwagen ans Tor und kassierten kleine Münzen
dafür ein, Hühner pickten zwischen rostigen Autoteilen. Ab
und zu kam ein großer Lastwagen mit Baggerschaufel und
Waage und hob die Schrottsammlung aus dem Hof. Dann
gab es lautes Rufen und Poltern, die dünnen schnurrbärti-
gen Schrottsammler schritten um die Baggerschaufel herum
und redeten ihr gut zu, alles sollte sie mitnehmen, bis auf
den letzten verwaisten, verworfenen Nagel. Was blieb, war
eine rostrot-schwarze Wüste.

Der Frühling kam, und die untätigen Schrotthändler saßen vor ihrem Haus, die jungen Frauen in der Hocke, sie
winkten den Vorüberfahrenden mit ihren Zigaretten. Über
die große Straße an ihrer Ecke rumpelten Lieferwagen aus
Rumänien. Zu meinen Schrottsammlernachbarn gesellte
sich das schrille Mädchen, ein großes Mädchen in bunten
Kleidern, ihren Namen hörte ich nie. Das schrille Mädchen
hatte keine feste Bleibe, sie stand oft am Straßenrand, schaute mit ungewollter Dreistigkeit jedem in die Augen, dann
war ihr Gesicht weiß und groß, ein flacher Mond mit zwei
schwarzen Pupillen, sie hatte ein Stöckchen in der Hand und
malte Kreise in den Staub am Weg. Doch wenn ein Mann
kam, der ihr gefiel, legte sie den Kopf zur Seite, faltete die
Hände mit dem Stöckchen auf dem Rücken zusammen, ihre

Augen wurden ganz blau, und sie war ein großes Kind, das schön sein will.

Sie besaß ein kleines Kofferradio, das sie manchmal herumführte, sie schlenderte umher, die Musik spielte laut, bis die Batterie leer war. Sie färbte sich die Haare rot, ging barfuß im Sommer, manchmal machte sie ein Feuer vor einem unbewohnten Haus, spielte mit den Hunden, die ausgerissen waren, bis diese müde und hungrig wieder auf ihren Hof, an ihre Kette, unter ihren Prügelstock zurückkehrten.

Sie saß ganz still im Frühlingslicht, wie ein kaltblütiges Tier, in dem das Blut erst wieder in Gang geraten muss. Wo hatte sie im Winter gesteckt? Sie hockte auf der Bank vor Olgas Haus, vielleicht hatte sie den Winter unbemerkt im Bett der Verstorbenen geschlafen, das noch in einem Zimmer stehenblieb, weil niemand es kaufen wollte, ein großes schwarzes Bett mit gestreiften verfleckten Matratzen und zerlegenen Kissen, in denen der Dunst von ungezählten Träumen steckte, dort mochte sie all diese Träume eingesogen haben, unter langsamen weit voneinander entfernten Herzschlägen des Winterschlafs.

Die Sammler mit den schrottschweren Leiterwagen kamen die Straße hinunter, das Mädchen lief neben ihnen her und plauderte, streichelte die maunzenden Katzen, die ihre hungrige Frühlingsbrut im Stich gelassen hatten, saß mit den jungen hockenden Frauen vor dem Schrotthaus und rauchte. Sie war weder fremd noch zugehörig und balgte sich mit den Kindern der Zigeuner, der Ungarn und Serben am Ende der Straße, zwischen den gelben Weidenbüschen am Rand der großen leeren Wiese, wo der rumänische Pope seine Schafherde grasen ließ. Wenn sie mit ihrem Radio spazierte, schaute sie die Männer aus schrägen Augen an, ein

Luderblick, der kaum zu ihrem großen Kinderkörper passen wollte, die Männer erröteten. Sie scheute die bekittelten Frauen, die vor den Häusern fegten und unter der Armbeuge Ausschau hielten, wer kam, wer ging.

Zoran war aus Amerika zurückgekehrt, doch er wusste nichts zu erzählen. Seine Augen flitzten ratlos von Ecke zu Ecke, wenn ich ihn fragte.

Es war sehr kalt, antwortete er, doch ich habe gutes Geld verdient. Gutes Geld, wiederholte er. Bald hatte er ein senfgelbes Auto, es war klein und lärmend. Zoran saß gerade und aufrecht hinter dem Steuer. Er kurvte langsam durch die Straßen, wie auf der Suche. Wenn er das schrille Mädchen sah, fuhr er fast im Schritttempo, steifnackig starrte er geradeaus, das Mädchen schaute ihm nicht hinterher.

Die Arbeit auf den Feldern begann. Die Busse kamen wieder, sammelten die Tagelöhner auf, entließen sie am Rand der riesigen dunklen Flächen, wo sie kleine bunte Kriechpunkte wurden. Das schrille Mädchen stand im Schatten einer seit Jahren geschlossenen Kneipe, zwischen bunten Bienenstöcken am Rand der Felder, da konnten die Männer sie sehen, sie legte den Kopf zur Seite, und wenn sie müde war, ging sie in die Hocke, stundenlang konnte sie so ausharren.

Dort in der Kneipe ging es früher hoch her, sagte Nachbar Todor einmal, da trugen sie ihre Erntegroschen hin, wenn die Arbeit vorbei war, da tanzten sie auf den Tischen, der Akkordeonspieler spielte bis zum Morgengrauen, beileibe nicht nur traurige Lieder erklangen.

Hinter den Bienenstöcken paarte sich damals, wem das Krauchen in den Furchen und der Schnaps noch nicht die Lust genommen hatte. Dann stellten sie einen Spielautomaten auf, und die Augen glitzerten groß beim scheppernden

Scheingeklingel von Münzen und dem irremachenden Flackern der Lichter. Die Trunkenen schlugen mit den Fäusten gegen den Kasten, Frauen und Männer, jeder soff, jeder spielte, und eines Nachts gewann ein kleiner buckliger Mann, ein Dicker mit knolligem Gesicht, ein einsamer Mann, ohne Frau und Kind, er strich den Batzen ein und ging einfach weg. Eine bittere Wut schüttelte die anderen und ließ alles verstummen, die Musik, das Lachen und Kreischen, jeder fühlte kalt den Mangel dieses Batzens in der eigenen Tasche, und das war die letzte Saison der Kolchosenkneipe.

An den Straßenecken der Felder standen die zu weißen Schaumstoffbergen aufgetürmten Keimlingskisten in stinkenden Flammen, der gelbliche Rauch kroch über die Straße. Das schrille Mädchen verschwand aus dem Kneipengarten, einmal sah ich sie an einem anderen Ort am Straßenrand, groß, satt und bunt stand sie hinter schmalen Zigeunermädchen im Frühlingslicht unter blassblauem Himmel, sie schauten einem Mann zu, der ein junges Pferd Gehorsam lehrte, indem er es an einer Leine im Kreis laufen ließ. Er war an diesem Vormittag der König über das Pferd und die Mädchen, die ihn stumm betrachteten.

Der Winter war groß gewesen, wie man hier sagte, jetzt war er über alle Berge, doch an allem hatte er gefressen und gerissen, Dächer sanken ein, Mauern sackten zusammen, Pilz schwoll aus in stillen Ecken, die Dinge waren unter Eis und Schnee widerspenstig geworden, hatten ein Leben ausgebrütet, das sich unwillig in den Frühling fügte, in Sonnenschein und lauen Wind, ein Leben der Schäden, der Risse und Brüche. Mütter verließen ihre Kinder, Männer ihre Frauen, Hunde ihre Herren. Verdruss und Sehnsucht trieb sie fort, und sei es auch nur in die Arme des erstbes ten, der ihnen im rechten Moment des Zusammenspiels von Abendlicht, Vogelsang und einem ersten herzergreifenden Maiglöckchenhauch über den Weg lief.

Im Zuschauerraum des Kinos standen Pfützen unter Sprüngen in der Decke. Zwischen der Deckenverzierung aus aufgemalten hellgrünen Feldern und Streifen dunkelten große Flecken, umstanden von gelblichen Kränzen aus aufgequollenem Putz. Es roch nach saurer Winternässe, nach den Ausblühungen der Mauern dicht über dem Fußboden, nach angesammelter Kälte, die sich durch die geöffneten Fenster und Türen nicht hinauswagte, sie wollte auf den klammen hochgeklappten Sitzen hockenbleiben, ins Dunkel gehören, zwischen den schimmelstaubigen Fotos der Filmhelden schlafen, die aus fernen Jahren lächelten, in ihren rotstichigen spitzen Krägen, schweren Brillen und gepunkteten Rüschen. So waren sie hier auf der brüchigen Leinwand ihrem Schicksal nachgeeilt, ihre Hemden, Kleider, Augen und Haare hatten den Staub zwischen Projektor und Leinwand gefärbt und sich mit ihm in den Sitzpolstern niedergelassen, wo ihre staub- und milbengewordenen Lippen vielleicht noch das eine oder andere zu wispern wussten.

Ich ging ins leere Kino, saß im Dunkeln, bis mir die feuchte Luft in der Kehle stockte, horchte auf den tropfenden Wasserhahn in dem winzigen Raum, wo Olga ihr Buffet geführt hatte, da hatte sie in ihren schwarzen Schnürstiefeln gestanden, kaum ein Schritt war es zwischen Wasserhahn und Ausgabefenster und dem kleinen Schrank, der dort gewesen sein musste, mit kleinen Tassen und Papiertüten für Nüsse und Zucker. Was hatte sie während der Vorstellung gemacht? Hatte sie mit der Garderobenfrau geplaudert, die, den Kopf in beide Hände gestützt, an der Theke ihrer Man-

telannahme lehnte und Geschichten von Kellnern in fernen
Städten zu hören verlangte, hatte sie geraucht, im Sommer
am Straßenrand, vor dem Notausgang, und dem Flüstern,
Lachen, Rufen der Filme gelauscht, die nach draußen schall-
ten, der gewaltigen Musik, die hinter den Bildern floss?

Auf der Rückseite des Kinos war eine Mauer eingestürzt, die
Attila neu errichtete. Hinter ihm stand borstig das Unkraut
vom letzten Sommer, die Eulen hockten im Walnussbaum,
und die Pflaumenbäume blühten.

Ich arbeite gerne hier, sagte Attila. Ich denke an früher.

Früher. Was für ein großes Wort in einem fremden
Leben.

Wenn die Mauer fertig ist, kommt das Dach, sagte er.

Über eine Feuerleiter stieg man auf das Kinodach. Es war
fast flach, über die Risse und Schründe im Dach konnte man
spazieren und in die Ferne schauen, von den Dächern unten
bis zum Horizont, nach Rumänien, zum Bahnhof und den
ausgebrannten Tabakspeichern, zu den Pappeln am Fluss.

Magst du Kino?, fragte ich ihn.

Ja, früher.

Und heute?

Heute bin ich müde.

Er nannte die Namen der Schauspieler auf den verfärb-
ten Fotos.

Und die Filme?

Er nannte die Filme zu den Gesichtern, lauter Worte, manche verstand ich, aber kein Bild gehörte dazu, kein
Laut, keine Geste, leer wie die Filmspulen, die in den Ecken
des Vorführraums und den kleinen taubenverdreckten Verschlägen auf der Rückseite des Kinos herumlagen.

Spätnachmittags kam Attila mit seiner Angel und ging hinunter zu dem kleinen Fluss, der am Fuße meines Gartens verlief. Manchmal fing er ein, zwei Fische, er warf sie in einen Eimer voll Wasser hinter dem Haus.

Wenn genug Fische da sind, koche ich eine Fischsuppe, sagte er.

Was für eine Fischsuppe?

Wie meine Mutter sie gekocht hat, das war die beste.

Wo ist deine Mutter?

Gestorben.

Attilas Sätze waren immer kurz. Er sagte auch nicht ›meine süße Mutter‹, er sagte nur ›meine Mutter‹, und sie war tot.

Nachts holten hungrige Katzen die Fische aus dem Eimer, die Köpfe mit dem dünnen Fischblut, den stumpfen Kiemen und den toten Augen fand ich manchmal in einer Ecke der Veranda.

Attila sagte nichts dazu, er fischte weiter, und der Eimer war jeden Morgen wieder leer.

Er saß an der steilen Böschung und schwieg. Die Erde war noch kalt und feucht vom Hochwasser des Frühjahrs, der Wind ging durch das Schilfgras, und die Schafe des rumänischen Popen blökten auf ihrer Weide jenseits des Flusses. Am anderen Ufer, Attila gegenüber, saß der kleine Lehrer András, fahlhaarig und scheu drückte er sich in den Schatten der Weidenbäume, hob nur grüßend die Hand, wenn er mich sah, und legte sie dann wieder an die Angel, die er mit beiden Händen hielt. Später, wenn die Sonne sank, kroch er zwischen den Bäumen zurück in sein Haus, nur seine Haare sah man durch das lichtlose Gebüsch. Sein Haus stand nahe am Fluss, ein kleiner Kasten mit Obergeschoss wie nur wenige Häuser hier, die schartenartigen Fenster unter dem Schrägdach blickten nach Südosten. András war Lehrer gewesen, bis ihn ein Nervenfieber ereilte, wie es hieß, er stand vor seiner Klasse und ihm kamen die Tränen, immerzu kamen ihm die Tränen und erstickten seine Stimme, er schlug die Hände vors Gesicht und weinte leise und reglos, während die Kinder verlegen lachten. Schließlich kam ein Arzt und führte ihn fort, da versiegten seine Tränen. Später kam er aus der Nervenheilanstalt, wie man hier noch zu sagen pflegte, seine Nerven waren wund und dünn und sollten es immer bleiben, er kehrte nie mehr in die Schule zurück und eröffnete ein kleines Heimatmuseum. Das Heimatmuseum war voll von Fotografien aus seinem Familienalbum, sie lagen in selbstgezimmerten Vitrinen, und unter den Fotografien befanden sich kleine Zettel mit verschlungener Schrift: Leihgabe von András Cs.

Es waren auch Möbelstücke ausgestellt, die gleichen Sessel, wie Olga sie besessen hatte, und ein geblümtes Sofa, wie es Todors Tante hinterlassen hatte.

Einmal führte er mich durch sein Museum, er fuhr mit den dünnen Händen über jeden Gegenstand, seine Erklärungen gab er in einem melodischen Flüstern. In einer Ecke stand ein Akkordeon, er streichelte über die Tasten, das Akkordeon macht die Musik unserer Heimat, erklärte er.

Es war Frühling, und zwischen dem Schilf standen schon Sumpfiris, gelb, samten und fleischig.

GRANICA

Ich fuhr von Srpska Crnija nach Kikinda und von Kikinda nach Novo Miloševo. Ein trauriges Land, dachte ich auf den breiten Straßen im Staubschatten der Lastwagen, in der Sonne, und ich wusste nicht warum. War es der nackte Friedhof von Rusko Selo, an dem ich würgte, dieser glänzende kahle Straßenrandfriedhof mit den schraffierten Zeichnungen markanter Gesichter auf den Gräbern, stolze Frauen, starke Männer, verwegene Jungen, alle sahen aus wie Helden. Serbische, vielleicht auch bulgarische Namen standen in ihren feierlichen Buchstaben auf dem polierten Stein. Wir sind ja Verwandte, pflegte mein Serbennachbar Todor zu sagen, wenn er dem zugereisten Bulgaren in Battonya auf die Schulter klopfte, einem schweigsamen, stets verlegen grinsenden Fernfahrer, der das Herz seiner ungarischen Liebsten beim Kellnern auf einem Donaudampfer errang, irgendwo zwischen Budapest, Belgrad und Ruse erkannten sie einander, kehrten dem Servieren den Rücken und lebten nun ihr wortkarges Leben der Gesten und Blicke in der Ebene, fern der großen Flüsse.

Der Friedhof von Rusko Selo lag offen, baumlos und unbeschützt, klein vor einem braunen Feld, dahinter das Dorf, das Russendorf, das aussah wie auf einer deutschen Postkarte, wie es sie in meiner Kindheit von jedem beliebigen kleinen Ort gab, eine Ansammlung von Dächern und eine Kirche, gebettet in Frühlingsgrün. Wie sehr doch die deutschen Postkarten Dächer liebten, Dächerhaufen, die Dächer waren die Hauptsache, Flusslandschaft mit Obdach.

Doch zu den Flüssen war es auch hier noch weit. In Srbska Crnija, hinter der rumänischen Grenze, standen alte Damen im Sonnenschein auf ihren Balkonen, wohin mochte der Ausblick gehen aus den Wohnblocks in matten Farben, mit rissigem Putz, kühler Schrift, dem einen oder anderen Wandbild, das vom Heldentum handelte?

Kinder kehrten von der Schule heim. Frühjahrslicht fiel auf die Schulranzen. In manchen Ecken drückte sich noch welkes Herbstlaub herum, und die Kinderfüße suchten danach. Hausfrauen machten Einkäufe an kleinen Gemüsekiosken, die aussahen, als habe die Hast einer Not sie dorthingezimmert. Kartoffeln gab es, Kohl, Zitronen, Zwiebeln, Äpfel.

Es war sehr still, obwohl sich alle bewegten, langsam, stetig, wie in einem Panoramabild. Panorama einer beschäftigten Landschaft. Die ganze Landschaft kaute an etwas und wollte nicht sagen was. Eine ordentliche Landschaft, die Straßen gesäumt von Eigenheimen, wie man sie überall dort sah, wo die Arbeiter andernorts gelernt hatten, wie ein Haus aussieht, ob in Makarska, Visoko oder Srpska Crnija.

So sieht ein Haus aus, wird jedem dieser Eigenheimbauer vor vielen Jahren ein sogenannter Kollege gesagt haben, so kommen sie im Lichte unserer Heimat am besten zur Geltung, die exakten Winkel, die knapp geneigten Dächer, die erbarmungslose Symmetrie der Fensteranordnung, die massive dunkle Haustür, die schwer hinter dem Familienvater ins Schloss fällt. Das ist unser Siedlungscharakter. Die hiesigen Eigenheimbauer werden ihrem Feierabendbier bestätigend zugenickt und in schlaflosen Nächten auf durchschwitzten Kissen manches Betonfundament gegossen haben, im Schlafdunst der Landsleute und dem bläulichen Licht der Straßenlaternen, im fremden Land. Und das brachten sie nach Hause mit, schweigsam und scheu zuerst am Rande der ferngerückten Familie, doch dann mit angespartem Nachdruck: So muss es aussehen, unser Haus.

Auch das ist ein Nachkriegsland, erinnerte man sich.

Auch das ein Land der Abgebrochenheiten, der hastigen Platzwechsel, der verwischten Spuren, der verlassenen Friedhöfe. Unversehens sind sie hier am rechten Ort, diese abgezirkelten Doppelstockhäuser mit Balkon, in denen man in Ruhe gelassen werden will. Ein Land mit breiten Straßen, auf denen Kanonen reisen konnten, mit Feldern, die selbst jetzt, gepflügt und voll Erwartung, wie verwüstet aussahen, große saubergewischte Leerflächen. Eine Leere, an der man flickte und nestelte, um sie weniger abwesenheitsträchtig zu machen, eine Leere, wie sie dem Eckensteherkind der emsigen Schulklasse in die Augen sticht, wenn es seinen eigenen Platz betrachtet.

Wo war das weiche Licht von Jimbolia, Teremia Mica, Comlosu Mare, die kleinen Pferdchen, die die schwankenden Särge zogen, die schleppenden, sammelnden, schuftenden Zigeuner und ihre bunten Frauen, die von ihrem Sargbock den Passanten spöttisch zulachten?

Lastwagen fuhren über die makellosen Straßen, die so abgeschnitten von dem Land ringsum verliefen, ganze Kolonnen von Lastwagen mit nichtssagenden Aufschriften und Ortsnamen, sie waren wie die Straßenbahnen in Arad, nur die Eingeweihten kannten die Ziele und waren mit den Regeln vertraut, die sich hinter vorgehaltener Hand herumgesprochen hatten.

Ich suchte abseits der großen Straßen, wusste nicht was, geriet auf Wege, die von schütterem Gebüsch gesäumt waren. Ein Mann trat zwischen dünnen Bäumen hervor, hinter ihm stieg Rauch auf, eine zitternde schmale Rauchsäule, zart in der Frühlingsluft, vielleicht hatte er in der Nacht gefroren. Nix, sagte er, und wedelte mit der Hand. Granica! Er scheuchte mich fort.

Im nächsten Dorf ging ich in ein Geschäft. Kinder aßen im Hinterzimmer zu Mittag und starrten, die halbzerkauten Kartoffeln im offenen Mund, die gähnenden Schulranzen neben sich. Die Geschäftsfrau lachte. Nur Wasser?, sagte sie auf Deutsch, als ich bezahlte. Sie folgte mir durch die Tür auf die Straße.

Kikinda?, fragte sie.

Sie zeigte nach Westen, als fürchtete sie, ich könnte bleiben oder in die falsche Richtung fahren.

Ein Mann auf einem Fahrrad kam mir entgegen, neben ihm ein Rollstuhlfahrer, der tief in seinem Dreirad hockte, ein kleines Gesicht unter der Mütze, den Körper in eine Decke gehüllt. Der Radler hatte die Hand an die Rücklehne des Rollstuhls gelegt und schob ihn an, so rollten sie beide, behände von seinem Schwung, Richtung Grenze.

›Banatsko Veliko Selo‹ stand auf einem Schild, das Große Banater Dorf.

BOČAR

In Novo Miloševo war Feierabend, Leute drückten sich in den Busunterständen herum. Der Ort hatte etwas Stehengelassenes, als verließe die Bevölkerung halbherzig ausgeführte Unternehmungen, Tätigkeiten, ganze Leben und führe jetzt mit dem Bus davon, um Abend und Nacht in einem schöneren, fertigeren Leben zu verbringen. Überall drängte sich Angebrochenenes auf, halb gepflügte Gärten, halb beschnittene Obstbäume, halb geteerte Straßen, halb umzäunte Baustellen, blühendes Unkraut auf den Sandhaufen neben ausgehobenen Schächten. Alles verharrte in der Sorge, ganz im Stich gelassen zu werden, während nichts geschah, um die Halbheit zu schmälern. Am Morgen kamen die Busse, wer heute abreiste, würde morgen wiederkommen, aussteigen, die Augen schwer und müde vom frühen Aufstehen und der Fahrt durch eine morgengraue Welt, würde die ihm unterstellte Angebrochenheit hüten und am Nachmittag wieder so leeräugig am Busunterstand stehen und nach Hause fahren.

Zwei zum Verwechseln ähnliche Landschlösschen standen an der Durchfahrtsstraße einander genau gegenüber, ihre hellblaue Ähnlichkeit erschien wie ein stumpfer Fingerzeig auf ein Feindschaftsgeheimnis. Als ließen sich in den hübschen Verzierungen und Einzelheiten die Spuren eines erbitterten Wettkampfs ablesen, zwischen zwei Brüdern, oder zwei Liebhabern derselben Frau.

In Zigeunerstraßen dampfte das Barackenleben, Feuer schwelten, Hunde lärmten, alles lag in armseliger Ganzheit ausgebreitet, zu etwas Ganzem zusammengestückelt aus dem, was die Abbrüche abgeworfen hatten. Über den Zäunen hingen Kleider, Teppiche, Decken, in den Höfen sammelte sich der Schrott, der sich noch zu irgendeinem Nutzen bringen lassen könnte. So lag auch die Zigeunerstadt am Rand von Belgrad am Fuß der hohen Eisenbahnböschung gebettet, blau im Morgendämmer, überall zwischen den schlafenden Hütten glimmende Feuerpunkte und dünner Rauch, wenige, langsame Schatten im frühen Halblicht, dahinter die schöne Stadt, die kühl aus dem Dunst der Flüsse stieg.

In Novo Miloševo bog ich ab und suchte die Tisa. Die Straße führte zwischen Feldern entlang, Mais würde dort wachsen, im Herbst würde die Luft staubig vom niedergemähten Getreide, die Bauern würden hier wie in Battonya, Grabaţ und Pančevo in ihren Höfen die Kolben von den trockenen Blättern trennen und in die hohen Holzspeicher schichten, die wie Wachtürme in einer Ecke der Gärten stehen und als erstes einstürzen, wenn ein Anwesen verlassen liegt.

Ich kam nach Bočar. Schnurgerade Straßen, die einander kreuzten, am Ende Horizont oder Schilfland, tiefe Furchen in den unbefestigten Wegen. Das sind die Banater Dörfer, hatte mir ein Lehrer in Periam gesagt, so ist das bei uns. Am Ende ist immer der Himmel.

Wo ist die Tisa, fragte ich zwei Zigeunermädchen, sie zeigten unentschlossen nach Süden und nach Westen.

Es gibt nur eine Straße. Wo kommst du her?

Novo Miloševo, sagte ich. Sie lachten.

In der Tiefe der Straße hinter ihnen stand ein Mann vor einem Haufen von Autoteilen und beobachtete uns. In den Schutz einer kleinen Bodenerhebung drückte sich ein Friedhöfchen mit weißen Kreuzen, schmalen Gräbern.

Das Dorf hörte auf, die Felder versickerten in die Verwilderung, Ödland brach an, rissige Straßen, die sich manchmal fast im Gras verloren. Kleine Gewässer, Sumpf, Heide, einzelne Bäume. Im Wind die hohen Stimmen von Vögeln, die man nicht sah, das dumpfe rhythmische Gurren der Rohrdommeln im Schilf, eine Trommel, die auf ihren vibrierenden Schlägen das hohe Zirpen der Vögel, das Sirren des Grases im Wind, das Rauschen von Storchenflügeln, die Reiherrufe trug. Unter dem nachmittagsblauen Himmel, in den sich schon Abend mischte, eine Leere, die Nichts war und gleichzeitig die Welt. In der jeder Ton auch Stille wurde. Zwei Männer machten sich an einem Tümpel zu schaffen, sie fischten, suchten, fingen etwas, schauten auf, ungläubig und misstrauisch, zwei versprengte Wärter der Besiedlung. In weiter Ferne die bläulichgrünen Schatten von Bäumen, vielleicht der Auwald, der breit den Fluss säumte, das Schwemmlanddickicht, das sich hier um die Ufer legt, die das Wasser so schnell und leise überfluten kann.

Irgendwo kreuzten Gleise die Straße, eine bröckelnde Böschung gesäumt von Masten, die der Wind schiefgeblasen hatte. Ich erinnerte mich an das lautlose graue Eisenbahntier von Kanijža, das so heimlich angefahren kam. Pendelten auch hier solche verbeulten Waggons, aus denen sich dem einen oder anderen Gestrandeten der Arm des Schaffners entgegenstreckte, ein kleiner Scheinverkehr, der die Worte aufsammelte, die hier unpassenderweise gewechselt wurden?

Im Ödland zwischen Bočar und Pađej lösten sich alle Schatten auf, die die Straßen gesäumt hatten, um die Häuser lagen, auf den Friedhöfen lungerten. Hier gab es keine Namen, es war eine sich selbst anheimgestellte Welt der unzugehörigen Dinge, die ihre eigene, langsame Sprache pflegten.

PAĐEJ

Zwischen Straße und Bahndamm in Richtung Pađej lag ein Streifen Heideland, dann die Geröll- und Unkrautböschung. Schafgarbe würde dort blühen, Wegerich, Mohnblumen, wilder Salbei in violetten Inseln. Später Klettengras, das sich in allen Kleidern festsetzte, bis zum Winter in den Fasern saß und stach. Ein Mann saß auf den Gleisen, gebückt, die Beine gekreuzt, neben ihm ein Hund. Der Hund hielt sich so aufrecht, dass sein Kopf ein wenig über den des Mannes hinausragte. Der Wind strich über die Landschaft, durch die Bäume, über die kleinen Tümpel, das erste Unkraut am Bahndamm.

Der Mann wandte sich zur Straße und hob die Hand. Ich hielt an und stieg die Böschung hinauf, der Mann hatte sich wieder umgedreht, blickte nach Norden, wo in der Ferne eine Ortschaft am Rand des flachen Ödlands lag. Der Hund zuckte unruhig. Von dem kühlen lauten Wind hing ein stetes Sausen in der Luft, unter dieser Unablässigkeit fühlte ich mich auf der winzigen Erhebung des Bahndamms wie ausgesetzt, als könnte der Wind mich einfach davontragen, ein zufälliges Fundstück des späten Nachmittags.

Man weiß nie, ob ein Zug kommt, sagte der Mann. Manchmal betreiben sie die Strecke, manchmal nicht.

Der Hund japste nervös.

Ich bin müde, sagte der Mann. Sein Gesicht trug den Verdruss der Erschöpften, die sich zu lange im Vergeblichen aufgehalten haben. Er zeigte auf mein Auto. Du kannst mich mitnehmen, die Straße führt nirgends hin als nach Pađej.

Er stand auf und gab dem Hund einen kurzen flachen Schlag auf das Hinterteil, der Hund setzte sich in Bewegung, trabte über die Schwellen, auf das Dorf zu.

Der Mann stieg ein. Er sagte nichts, hob nur die Hand, als sei ich dazu bestellt, ihn so zu fahren, wie er es wünschte. Er atmete asthmatisch, laut, seufzte sich über die Unebenheiten der Straße.

In Pađej wies er den Weg zu dem kleinen Bahnhof. Bäume säumten die Straßen, auf einer Wiese spielten Halbwüchsige Fußball, sie traten stumm den Ball, liefen im schrägen Licht der tiefstehenden Sonne, Dunst stieg auf, machte alles unscharf und weich. Komm, trink einen Kaffee, sagte der Mann, als wir am Bahnhof ankamen. Wir müssen auf den Hund warten. In der Tür eines kleinen Geschäfts mit Kneipe hing der bunte Vorhang aus Plastikschnüren, als wäre es schon Sommer. Eine Frau stand hinter der Theke, sie trug ein rotes Kleid mit weißen Punkten, das Kleid hatte kurze Ärmel, man sah, dass sie fror, die Haut auf ihren Armen war bläulich vor Gänsehaut. Sie sagte nichts, machte sich an der Maschine zu schaffen, stellte zwei kleine Tassen auf die Theke.

Was machst du hier?, fragte mich der Mann.

Ich will an den Fluss, sagte ich.

Und dann?

Auf die andere Seite.

Die Fähre geht, bis es dunkel wird, sagte er. Warum bist du hier?

Ich weiß nicht, sagte ich.

Hier gibt es nichts zu sehen, sagte er. Was hier geschieht, versinkt und versickert im Boden. Leidenschaften, Hoffnungen, Kämpfe, das Kriegsgestöhn der Jahrhunderte, davon nähren sich hier das Schilfgras und die Frösche, vor allem die Frösche. Hörst du sie?

Er hob die Hand, schweigengebietend. Natürlich hörte ich die Frösche, man hörte sie überall zwischen Mures, Tisa und Donau, das war das Froschland, das im Frühling wochenlang unter ihrem dumpfen Singen bebte.

Diesen Froschgesang gibt es nirgends sonst, das will ich beschwören, erklärte der Mann. Es ist, als würde Jahr für Jahr mit den dicken Schichten Froschlaich auf Tümpeln und Pfützen, den kleinen Weihern und dem stehenden Wasser in den Gräben der Klang der Trommeln, Hörner und Soldatenstiefel wieder ausgebrütet. Dabei gibt es hier nichts zu gewinnen. Nichts als die Leere, das Warten. Alle hier warten auf irgendetwas, seit Jahrhunderten. Auf die Liebe, auf den Tod, auf einander, auf den Krieg, auf das nächste Hochwasser, auf die Fähre. Hier ist ein Warteland. Die Frau an der Theke wartet auf den Sommer. Ich warte auf meinen Hund. Unterdessen wird es Abend, Tag für Tag.

Der Hund kam. Der Mann streichelte ihn und sprach ihm leise gute Worte zu, der Hund legte sich ihm zu Füßen.

Das Warten ist wie eine Krankheit unserer Gegend, fuhr der Mann fort. Je mehr man wartet, desto unbeweglicher wird man. Man starrt immerzu in ungewisse Ferne, und sieht die nächsten Steine nicht mehr, über die man stolpert. Warten macht blind.

Er bewegte die Hand, als wollte er winken, obwohl er ganz nah bei mir stand, dann ging er mit dem Hund fort.

Wo geht es zur Fähre?, fragte ich die Frau an der Theke.

Zuerst zuckte sie mit den Schultern, dann versuchte sie, den Weg zu beschreiben.

Er hat nicht recht, sagte sie mir, als ich aufbrechen wollte. Es ist nicht das Warten. Es ist wegen dem Fluss. Vielleicht führt er ein Gift. Das Hüben- und Drübengift. Immer wieder zerrt man Tote aus dem Ufergehölz, wo sie sich verheddert haben. Niemand hat sie sterben sehen. Sie sollen einfach so aus ihrem Leben in den Fluss gefallen sein. Glauben Sie das?

Das Gesicht der Frau blieb bei dieser kleinen Rede fast ungerührt, ich hörte nur, wie kalt ihr war, ihre Zähne klapperten leise.

Kein Schild zeigte zur Fähre, doch der Fluss ließ sich ahnen, der Deich stieg hinter Schilfwiesen an, die Kronen des Uferwalds ragten über der Deichkrone auf. Eine Kneipe stand gelb am Deichweg, umgeben von hohen Bäumen. ›Tisza Csarda Čarda na Tisi‹ hatte man in großen einfachen dunkelroten Druckbuchstaben auf die Wand geschrieben. Neben der Kneipe führte der Weg zur Fähre hinab.

Zwei Männer bedienten die Fähre. Einer legte an und ab, der andere kassierte. Ich fuhr auf die Fähre, hinter mir ein Traktor, eine blonde Frau steuerte ihn. *Traktoristka*, dachte ich, ein altes Wort. Die Männer winkten den Traktor mit großen Gebärden und lauten Rufen auf die richtige Bahn. Die Fähre legte ab, ein Zigeuner kam die Zufahrt herabgeradelt, winkte, die Fähre glitt zurück, die Klappe fiel wieder auf den Steg. Dahinter stieg der Damm so steil an, dass man darüber nur den Himmel sah. Der Zigeuner keuchte, außer Atem.

Zu beiden Seiten war der Fluss von dichtem Wald und Gesträuch gesäumt. Die Wasserfläche lag glatt, rosigsilbern spiegelte sich der Himmel. Auf der anderen Seite wartete eine Traube Menschen, sie kamen von der Arbeit in Ada.

Der Kassierer plauderte in Ungarisch, wir sprechen hier alle nur ungarisch, sagte er zu mir, doch ich wusste, dass das nicht stimmte.

DIE FISCHSUPPE

Wir lebten auf der anderen Seite der Tisa, zwischen Ada und Mol. Meine Mutter kam von dieser Seite, vom Ufer der kleinen Zlatica, das ist die Goldene. Sie sprach wenig und kein Ungarisch. Mein Vater nannte sie drágica, dann musste sie lachen, das ist serbisch, sagte sie.

Nein, schwor mein Vater, es ist ein ungarisches Wort.

Das haben die Ungarn gestohlen, sagte sie dann.

Mein Vater war Fährmann. Vom Morgen- bis zum Abenddämmer fuhr die Fähre von Ada hin und her. Niemand verstand sich so aufs Anlegen, Vertäuen und Festzurren der Fähre wie mein Vater. Die Bauern brachten ihre Ziegen, Kühe und Pferde von der einen Seite zur anderen, sie verkauften und kauften auf dem Markt von Ada, und in der Fährenkneipe ging es hoch her. Es setzten auch Autos über, kleine, hellblaue und senfgelbe Autos mit lauten Motoren, und junge Männer mit Mopeds. Manchmal gab es Schlägereien in der Kneipe, das sind immer die Mopedfahrer, sagten die Leute, aber das stimmte nicht.

Mein Vater liebte den Fluss. Nur dich lieb ich mehr!, sang er für meine Mutter.

Mein Vater liebte auch Fischsuppe, und meine Mutter kochte sie auf ihre Art. Die Suppe war sehr gut und erlangte sogar eine Art Berühmtheit in unserem Dorf. Trotzdem kam es immer wieder vor, dass eine Nachbarin oder sogar mein Vater sagte: das gehört nicht in unsere Echte Fischsuppe, oder: Unsere Echte Fischsuppe macht man doch mit der Soundso Paprika und nicht mit dieser. Meine Mutter zuckte nur mit den Schultern.

Eines Tages kam mein Vater nicht nach Hause. Wir saßen die ganze Nacht am Küchentisch und sagten kein Wort, wir warteten nur. Auch am nächsten Tag kam er nicht nach Hause. Meine Mutter suchte ihn und fand ihn nicht, dann schickte sie mich zur Polizei. Ein Polizist kam zu uns, stellte Fragen, ging wieder. Wir warteten.

Die Fähre fuhr nicht, die Menschen lärmten an der Anlegestelle, die Ziegen blökten, die Pferde schnaubten und wieherten unruhig, ab und zu ließ jemand den Motor seines Mopeds aufheulen. Die nächste Brücke war weit. Der Fluss lag so glatt und sanft wie ein Bild, es war später Sommer. Abends wurde es schon neblig, weil die Nächte kühler wurden.

Nach zwei Tagen fand sich ein Fährmann, der den Dienst meines Vaters übernehmen konnte. Zuerst hatten die Leute Angst, doch dann zeigte sich, dass es ein guter Fährmann war, er steuerte die Fähre ruhig und sicher vom einen ans andere Ufer.

Eines Abends brachte ein Mann vom Fluss uns Fische. Esst, sagte er, sonst werdet ihr ganz schwach. Meine Mutter kochte ihre Fischsuppe. Der Duft erfüllte das ganze Haus. Die Nachbarn klopften an die Tür, weil sie dachten, mein Vater sei zurückgekommen, und meine Mutter habe zur Feier Fischsuppe gekocht.

Meine Mutter und ich aßen die Suppe. Wir aßen langsam, denn wir hatten mehrere Tage fast nichts gegessen. Die Suppe schmeckte anders als sonst, doch das konnte an unserem Hunger liegen, und daran, dass sie uns im Kummer Trost spendete.

Dann fand meine Mutter in ihrer Suppe einen Zahn. Er sah aus wie ein Menschenzahn, und meine Mutter erschrak. Sie musste sich erbrechen und wurde krank. Sie erbrach sich immer weiter, obwohl sie nichts mehr aß, tagelang. Sie erbrach sich bis zu dem Tag, an dem der Polizist kam und sagte, sie hätten meinen Vater gefunden.

Wo?, fragte meine Mutter.

Weiter unten am Fluss, sagte der Polizist.

Ich will ihn nicht sehen, sagte meine Mutter.

Gut, antwortete der Polizist. Er sieht schrecklich aus. Etwas hat ihm das Gesicht zertrümmert, und das Wasser hat seinen Körper aufquellen und blau werden lassen.

Später kam er und brachte den goldenen Ehering meines Vaters. Daran hatte man ihn erkannt, sagte er. Männer in unserem Dorf trugen keinen Ehering, doch meine Mutter hatte es sich von meinem Vater gewünscht.

Es war eine kleine Beerdigung, die Leute schwiegen, was sollten sie auch sagen. Vor Erleichterung, dass man nicht selbst vom Unglück getroffen wurde, vergeht manchem das Mitleid.

Nach der Beerdigung packten wir unsere Sachen. Wir waren allein auf der Fähre, wir und unsere Sachen, und der neue Fährmann setzte uns auf die andere Seite über. Er sagte kein Wort, als wäre er stumm. Ich sah unser Ufer kleiner werden, dann waren wir schon auf der anderen Seite.

Meine Mutter hat nie wieder Fischsuppe gekocht, und wir sind nie wieder mit der Fähre über die Tisa gefahren.

SENTA

Deitsch?, fragte der Mann an der Tankstelle auf dem Weg
nach Senta, als ich nach dem Friedhof fragte.

Alles lag in den ersten Lindenduft gehüllt, darin segeln
die Banater Städtchen wie in einem Ozean, der sie von einem lindenlosen Festland schwemmt. Ich schwieg, der
Mann lachte. Deitschen weg, sagte er, als ich bezahlte. Er
sah mich freundlich an und wischte mit dem Arm durch die
Luft, eine Gebärde, aus der nicht ersichtlich war, ob die Deitschen verscheucht worden waren oder sich aus irgendwel-
chen Gründen in Luft aufgelöst hatten. Sein Gesicht wurde
bekümmert, als er sah, dass ich seine Wegbeschreibung zum
Friedhof nicht verstand.

Durch ein großes Tor an der Hauptstraße von Senta trat
ich in einen Hof mit Blumen, trocknender Wäsche, Obstbäumen, ein Katzenhof, der sich in der Tiefe in grünem
Gestrüpp verlor, gesäumt von eingeschossigen Hinter- und
Gartenhäusern auf der einen Seite und der Brandmauer des
Nachbarhauses auf der anderen. Es wurde Abend, an einer
Hinterhausveranda zupfte eine alte Frau an den ersten Ge-
ranien, Radiostimmen drangen aus den Hoffenstern, es roch
nach Paprika und Zwiebel, Kümmel und Öl.

Im ersten Stock des Vorderhauses war ein Zimmer frei,
ein Fremdenzimmer für durchreisende Gäste mit Blick auf
Baumkronen, Geschäftsschilder, Straßenlaternen, eine Gar-
tenwirtschaft in der Ferne, wo die Straße sich stadtauswärts

gabelte. In den Zimmern zur Straße roch es nach Kuchen, nach den makellosen Marmorkuchen ferner Zeiten, ein Geruch, der in den Häkeldeckchen saß und den schwarz angelaufenen Zwischenräumen der Silberranken, die sich um Familienfotos legten. Die Zimmerwirtin hieß Frau Genya. Sie war grauhaarig und höflich, tupfte mit dem Handrücken auf die großen Kissen, die bezogen auf dem Bett bereitlagen, strich und tätschelte das für ihre Zufallsgäste gerichtete Bett, als wollte sie ihm Mut zusprechen. Auf dem Bett türmte sich Bettzeug wie für eine Winternacht. Frau Genya bot mir Holunderblütentee an, und während ich ihn trank, stand sie, die Hände auf dem Rücken verschränkt, zwischen den beiden Fenstern ihres Wohnzimmers.

Suchen Sie etwas in Senta?, fragte sie.

Nein, sagte ich.

Die meisten Fremden, die hierher kommen, suchen nach etwas, erklärte sie. Sie kommen von weit her angereist und suchen nach Gräbern oder Namen, nach Häusern, Geschäften, Verwandten. Sie haben nur davon gehört oder sie lange Zeit vergessen.

Frau Genya machte eine Pause. Sie wartete auf eine Antwort. Darauf, dass ich mich auf ein Anliegen besann.

Wissen Sie, einmal stieg eine ältere Dame bei mir ab. Sie trug ein raschelndes altmodisches Seidenkleid. Sie ging an einem Stock, und in der Hand trug sie eine Einkaufstasche. Sie suchte ihre eigene Schwester, die hatte sie über fünfzig Jahre nicht gesehen. Dabei kam sie nur aus Belgrad. Sicher finden Sie dieses Kleid merkwürdig, sagte sie zu mir. Schließlich ist das hier ja nur eine Kleinstadt und keine Oper. Ich habe das Kleid angezogen, damit meine Schwester mir glaubt, dass ich es bin. Wir trugen immer die gleichen Kleider, bis ich eines Tages wegging. Am nächsten Morgen bezahlte sie die Übernachtung und machte sich auf in die Stadt. Am Nachmittag sah ich die Frau im Park vor dem Stadthaus. Sie saß auf einer Parkbank, neben ihr ihre Schwester. Die Schwester trug einen Anorak. Sie hatten beide die gleiche Frisur, und beide hielten sie die gleiche Einkaufstasche auf dem Schoß, so eine altmodische braunkarierte Tragetasche mit Henkeln. Aus der Tasche der Schwester ragte Gemüse. Es war Herbst, die Blätter fielen schon. Die Frauen saßen hinter dem Springbrunnen, der Wind fuhr in den Wasserstrahl, und verwehte das Wasser, und die beiden schauten zu.

Frau Genya bot mir ein Stück Kuchen an. Kolatsch nannte sie den Kuchen, mögen Sie von meinem Kolatsch kosten?

Es wurde dunkel, der Vollmond erschien, Wolken zogen auf. In der Gastwirtschaft gab es gefüllte Weinblätter und Wein. Die Gäste kamen in großen Gruppen, aßen viel, lachten und sangen. Kati, riefen sie nach der Wirtin, Katica, bring uns noch dies oder das.

Ich ging durch den Stadtpark zur Tisa, der Springbrunnen schwieg jetzt, der Mond mit eiligem fleddrigem Gewölk davor stand über der Brücke, ein schnurgerades Gitter aus diagonal verschränkten Eisenstreben, das quer durch die Nacht verlief. Die Ufer leer und still, es war, als ob der Fluss nachts aufhörte zu fließen um zu schlafen.

In Frau Genyas Wohnung tickten mehrere Uhren sehr laut, jede Uhr in einem anderen Takt, so dass jeder kleinste Bruchteil einer Sekunde von diesem klackenden Lärm der Zeit erfüllt war.

Während ich frühstückte, stand Frau Genya wieder zwischen den beiden Fenstern. Diesmal hatte sie die Hände auf die gewölbte Lehne eines Stuhls gelegt.

Meine Nichte lebt in Buenos Aires, sagte sie.

Die Straße draußen war lauter als am Nachmittag und Abend zuvor, es war Samstagmorgen und Markt. Der Himmel war grau.

Gestern Abend habe ich den Stadtpark besucht, erzählte ich Frau Genya. Aber der Springbrunnen war abgestellt.

Haben Sie den Vollmond gesehen?, fragte Frau Genya.

Sie drehte sich um und zog etwas aus der kleinen Kommode hinter ihr. Es war ein Packen Postkarten, alte Karten mit Ansichten von Senta, alle im Mondschein. Die Bäume säumten die Hauptstraße noch sehr klein und zart, die Brücke über der Tisa war eine hohe eiserne Bogenbrücke, und am Ufer des Flusses lagen Kähne an breiten Stegen, über die Waren auf- und abgeladen werden konnten.

Das war der Mondscheinfotograf von Senta, sagte Frau Genya. Meine Großmutter soll seinetwegen liebeskrank von der Brücke in die Tisa gesprungen sein. Wochen später wurde sie gefunden, weit unten am Fluss. Sie hinterließ ihre kleinen Töchter und einen rasenden Ehemann, der in seinem Kummer das Weite suchte. Dem Mondscheinfotografen soll nach diesem Zwischenfall kein Bild mehr gelungen sein, erzählten die Leute. Dabei hatte man in ihm einen strahlenden Künstler der Zukunft erblickt.

Auf manchen Bildern standen Menschen im Mondschein vor den Sehenswürdigkeiten von Senta. Sie schauten blass und entrückt, womöglich verzückt, in der langen Starre der Belichtungszeit, ein Kind, vornehm und weiß gekleidet, drückte sich auf einer Fotografie abseits der Gruppe an eine Säule, starrte großäugig und geduldig dem Mondscheinfotografen entgegen. So standen sie, namenlose Mondsüchtige oder zur Mondsucht Bestellte, gefügige Wunderer,

Staffage einer schönen kleinen Welt in blassem Glanz. Die Brücke lag leer unter einem von Wolkenfetzen umwehten Mond, wie er gestern geschienen hatte, der Auwald nachkoloriert in einem schwülen, unnächtigen Grün.

Im Café am Stadtpark thronten die Männer in großen gemusterten Sesseln und lasen Zeitung, das Ungarische Wort und serbische Sportblätter, tranken mit hochroten Wangen Kaffee und Bier und redeten viel, während die Frauen einkauften. Später kamen die Frauen und führten artige Kinder auf die Empore des Cafes, wo sie hoch über den Männern auf kleinen Stühlen an kleinen Tischen Eis und Limonade bestellten. Auf der Bank am Springbrunnen saßen zwei Frauen, sie sprachen und lachten und ließen die Hände in großen Gesten durch die Luft fahren, der Springbrunnen sprudelte gehorsam, von keinem Wind bedrängt.

Ich fuhr über die Tisa aus Senta hinaus, kreuz und quer durch das gelbundgrüne Land unter dem grauen Himmel. Irgendwo zwischen Tisa, Maros und Zlatica hielt ich an einem Friedhof. Graue und weiße Grabsteine mit Kreuzen für Tote, die Degenhardt, Lakatos, Mudrič hießen, Frauen in dunklen Kopftüchern und schnauzbärtige Männer auf ovalen emaillierten Fotografien, so hatten sie einst vor einem Fotografen gestanden und mit dem Gedanken in die Kamera geblickt, dass dies das Bild auf ihrem Grabstein sein würde, ihr Gruß aus der Ewigkeit an die Zeit. In einem Winkel nahe der Straße ragte ein dunkelgrauer, zu einer eckigen Säule gemeißelter Grabstein schräg aus Heckenrosengestrüpp, ›Deutsch Ferenc‹ stand darauf, hinter dem Gebüsch zwei ebensolche Grabsteine für die Deutschkinder, die nur ein paar Monate alt geworden waren.

Am Eingang des Friedhofs stand ein bärtiger Mann in der Tür des Wärterhauses. Hinter ihm lag ein Sarg bereit, mit einem weißen Tuch bedeckt, *aufgebockt*, dachte ich und blickte mich nach dem ausgehobenen Grab um. Der bärtige Friedhofswärter wollte gerne etwas erzählen. Er blinzelte in das weiße Nachmittagslicht.

Das ist die Cholerawiese, erklärte er und zeigte mit dem Finger auf ein freies Stück Gelände, wo das gemähte Gras in Wülsten lag. Dort lässt man die Gebeine in Ewigkeit ruhen.

STADT

In der Stadt spiegelte sich der Himmel in dem trüben Fluss, der unter den Brücken davonrann. Stadtbesucher standen auf den Brücken und starrten und spuckten in den Fluss. Dieses Starren und Spucken in das spiegelbildlose Wasser war eine Erscheinung jeden Sommers, wenn die Besucher müde wurden und sich in ihren Hoffnungen auf die besuchte Stadt getrogen sahen. *Wir alle kommen von irgendwoher und wir alle gehen weiter irgendwohin, weil wir Menschen sind*, schrieb einmal ein kluger Dichter, und die Brückengucker verharrten dort in einer kleinen Pause ihres Lebens, in der sie diesem Gedanken nachhängen mochten.

Ich stand am liebsten am Fenster, atmete die Stadt ein, beobachtete diesen kleinen Streifen Leben vor mir, den welkenden Sommerflieder, leidenschaftliche Abschiedsszenen zwischen Liebespaaren am gegenüberliegenden Haustor, die fremd gewordenen wässrigen Farben des Himmels Westeuropas, ahnte das Palavern großer Männergruppen in den Straßencafés, das Klacken spitzhackiger Frauenschuhe, den klebrigen Geruch der überreifen Melonen, der sich mit salzig-muffigem Fischdunst vermischte und in Schwaden um den Eingang der kleinen Markthalle lag.

Selten ging ich aus, kaufte Kleinigkeiten, stolperte über die Besen der unwirschen Afrikanerinnen, die gegen Ladenschluss aufräumten und sich in Gedanken an ihre heimatliche Prinzessinnenschaft gestört fühlen mochten. Eines

Abends zog ein Gewitter auf. Es donnerte, warmer Wind jagte in Stößen durch die Straßen. Regen fiel, dicht, heftig, ein großes Rauschen, das alles andere übertönte. Ich fand Zuflucht in einem Café, sah auf das Wasser, das die Straße hinuntersprudelte, Kartons und anderen Abfall davontrug. Ein losgelassener, losgerissener Regenschirm trudelte auf dem Gossenwasser. Der Caféwirt spülte Gläser, ein Afrikaner füllte an einem kleinen Pult einen Lottoschein aus. Die Zuflüchtigen verzehrten nichts. Sie standen mit regennassen Haaren und tropfenden Kleidern an den Fenstern zur Straße und schauten hinaus, wo der Regen hing wie Tücher, die hin- und herwehten. Männer und Frauen, die zu lang an ihren Zigaretten zogen, die Glut leuchtete vor ihren Mündern, sie hatten nichts zu sagen und nichts zu lachen, eine Zeitlang waren wir alle Einsame in der Obhut dieses Zufalls, bis der Regen nachließ und sich die Wartenden, nach und nach und meistens zu früh, hinauswagten. Draußen klatschte ihnen der unterschätzte Regen sofort die Kleider an den Leib, was sie am Laufen hinderte.

Am nächsten Tag fuhr ich zurück nach Battonya. Die Reise war lang, die Sommerhitze kam und ging, die Nacht war kühl. In Budapest stieg ich aus und wartete auf den Zug nach Bukarest. Es war Spätnachmittag. Heimreisende nach einem Stadttag stützten die Ellbogen auf die Stehtische der Imbisse und aßen Pizzastücke. An den hohen Tischen der Schnellrestaurants standen Männer, die ihre Computertaschen unter die Arme klemmten, junge hungrige Mädchen mit bloßen weichen Bäuchen unter den Sommerhemden, stille Arbeiter und grölende Sportler, eine alte Dame mit blauer Dauerwelle, alle verschlangen ihre rottropfenden Stücke, unzählige offene Münder im Bahnhofsgewirr. Ich

dachte an die spitzen Paprikatüten in den Körben wandern-
der Verkäufer, als ich zum allerersten Mal hier ankam, an die
kleinen runzligen Frauen mit halbwelken Blumensträußen
und Knoblauchkränzen am frühen Morgen, als Spritzwas-
ser von den spätsommerheißen Bahnsteigen dampfte und
melancholische Ordnungshüter an den Ecken lungerten,
die wenigen Bänke belegt waren von obdachlosen Reise-
sehnsüchtigen mit schmalem Gepäck unter dem schlum-
mernden Kopf, als die Luft stank und alles Fremde war. Die
Fremde war vergangen. Es gibt keinen Weg zurück aus dem
Kennen ins Nichtkennen. Sehen, Erkennen, Erinnern ist das
Verschlingen von Welt ins eigene Leben hinein. Jede erste
Fremde ist unwiederholbar, auch wenn es keinen Heimweg
gibt. Ich hörte die Menschen reden, ihre Sprache war mir
vertrauter als die Sprachen, die ich sprach und verstand, ich
kam zurück.

Der Zug fuhr in den Abend. Ich sah einen Streifen ent-
gegengleitendes Land aus dem Fenster und einen Streifen
entgleitendes Land im Spiegel über dem Sitz gegenüber. Der
Zug überquerte die Tisza, die Sonne ging im Spiegel unter, und vor mir lag ein tiefdunkles Blau, in dem sich kein
Umriss mehr ausmachen ließ, die Lichter waren spärlich,
im Spiegel verging noch langsam der Tag, ein gelber, grü-
ner, blasstürkiser Streifen in großer Ferne, während der Zug
schon mitten in der Nacht war.

BATTONYA

In den Gärten standen die Tulpen, vor allem die grellroten, die irgendwann einmal Mode geworden waren, Feuertulpen, sagte meine Nachbarin stolz, wir haben auch Feuertulpen.

Die Köpfe der Feuertulpen waren zu groß für die Stängel, die verdrossen unter ihrer Last schwankten. Die Blüten waren schwarz geädert und trugen einen schwarzen Kranz um den Ansatz der Blüte. Die ganze Blume welkte nicht wie in ihre Blüte verschwendet, sondern als verrunzelte sie aus Unerfülltheit. Als sei sie ihrer eigenen Fleischigkeit nicht gewachsen, als wären die schwarzen Adern bereits Anzeichen dieser Unglückseligkeit.

Der bucklige Nachbar pflegte seine Kartoffeln und machte sich in seinem Hof zu schaffen, in dem alles grau war, wie ich einmal durch das offenstehende Tor sah: graue Bretter, graue Betonbrocken, graue Erde und graue Hühner. Ein grauer Hund kläffte an einer grauen Leine. Inmitten der Tulpengärten sah der Hof aus wie eine Graukammer, wo alle andere Farbe verschluckt wurde. Hier ersäufte der bucklige Nachbar auch die blinden Eintagskätzchen, die man ihm brachte, er verstand sich darauf, wie es hieß, und erklärte gern, in so jungem Alter glitten die Kätzchen ohne die geringste Widerborstigkeit in den Tod, fast so, als ginge es zurück in den Mutterbauch.

Die Bartnelken blühten, die in meiner Kindheitssprache Tausendschönchen hießen, Schrebergartenblumen, die auch in verlassenen Laubenkolonien noch büschelweise zwischen dem Unkraut standen. Auf Ungarisch wurden sie Türkennelke genannt, in Margits Garten standen sie in langen Reihen. Ich habe so viele Gräber, sagte Margit wie zur Entschuldigung für ihre Blumen. Säuberlich und gerade aufgereiht wuchsen sie, von den hohen Narzissen, die nichts mit den windwirren kleinen gelben und weißen Sternen in den Marschen des früheren Lands zu tun hatten, bis hin zu den verwaschenen Astern und Chrysanthemen im Herbst waren sie alle nur für die Toten, für Kinder, Väter, Tanten unter ihrem Grabgestein.

Ich fuhr in diesem Frühsommer über die Dörfer zwischen Mures, Maros, Tisa und Tisza und wusste nicht, was ich suchte. Abends kehrte ich nach Battonya zurück, manchmal saß Attila noch an dem kleinen Fluss, oder auf der Veranda, als wüsste er nicht, worauf er wartete.

Was hast du heute gemacht?, fragte ich dann.

Gearbeitet, sagte er.

Ich erzählte ihm in meinen Stückelworten, was ich gesehen hatte. Ich brachte Kiesel mit, Blumen, abgeknipste Filme, den Staub von der anderen Seite der Grenze. Er strich über die Steine oder die Blumen, dann ging er nach Hause.

Attila arbeitete weiter im Kino. Er ließ die Eingangstüren offenstehen, die bräunlich-goldgemusterten Vorhänge blähten sich im Durchzug, die Sonne schien ins Foyer. Das Kino behielt seinen Geruch weit entfernter Zeit. Die schweren Wollvorhänge mit den Kunstlederkanten hielten ihn fest, der rötliche Linoleumboden, die hellbraunen Sessel, er widerstand jedem Luftzug, womöglich sogar jedem Wasser und Reinigungsmittel. Ich saß im Dunkel und dachte an das Kino meiner Kindheit, ein Kino, in dem von morgens bis abends dasselbe Programm lief, ein Kino am Bahnhof, ein Aufbewahrungsort der Zwischenzeiten, für Heimatlose, Ortlose, in das mein Vater uns schob, wenn er nichts mit uns anzufangen wusste, wo wir auf ebensolchen Sesseln wie in Battonya hockten und die flackernden Bilder ferner Kriege und wilder Tiere über unsere Gesichter streiften, wo unrasierte Männer in den dunklen Hinterreihen schliefen, Leute kamen und gingen, während wir sahen, was es zu sehen gab, bis mein Vater uns abholte, uns im Dunkel fand und aus den Sesseln zog, flüsternd, tastend, durch den dicken Vorhang mit den kalten Kunstlederkanten drückte, die weinenden Frauen, unfehlbar lustigen Familien und schießenden Soldaten hinter uns blieben, bei unserer kleinen, in den Sesselritzen wohnenden Angst, mein Vater könnte uns einmal nicht wiederfinden.

Manchmal setzte Attila sich neben mich, er rauchte und redete, als wollte er sich selbst etwas von früher erzählen, von den fröhlichen Gasthäusern in Komárom und den rostigen Kähnen am Donaurand.

In meiner Kindheit lebte ich an einem großen Fluss, und nachts hörte man die Schiffe, sagte ich. Das konnte ich auf Ungarisch sagen, ja besonders den Ausdruck ›In meiner Kindheit‹, ein langes weiches Wort, das mir auf Ungarisch immer wie ein Ort erschien und nicht wie eine Zeit, benutzte ich mit Vorliebe. Was ich nicht sagen konnte, war, dass sich das Tuckern der Kähne in der Nacht anhörte wie in einem großen leeren Raum, als seien Nacht und Dunkelheit eine Kuppel, die sich über die Welt stülpte und sie abschloss, alles hallte darin wider, auch die Eisenbahnen, die längs des Flusses fuhren, und die in dieser Kuppel unweigerlich irgendwo an eine Wand prallen würden.

Wir wohnten zwischen den Hügeln, und ich hörte die Kähne nie, antwortete Attila.

Ich lernte das Wort für Leinwand. Die Leinwand im Kino hing schief vor dem Hohlraum der Bühne, sie war rissig und morsch, von unzähligen kleinen Punkten durchsetzt, wie durchschossen von den Lichtstrahlen aus dem Projektor. Die Bühne dahinter ein staubbedecktes Feld von Gegenständen, die ihrem Nutzen, ihrer Zugehörigkeit zu einer Funktion vollends entglitten und entfremdet waren. Sie schliefen dort in diesem dunklen Hohlraum, im Schutz der durchstrahlten Leinwand, wo es keinen Namen mehr für sie gab, sie allenfalls neuen Namen und Bezeichnungen entgegendämmern konnten, die dem, der sie dort wiederfand, aufhob, berührte, ins Licht hielt, einfallen mochten.

Die frühe Sommerhitze kroch allmählich in jeden Spalt und Winkel. Im Garten hinter dem Kino stiegen die Eulen mit schweren Flügeln auf, wenn sich ein Mensch dem Schatten ihrer Bäume näherte. Mittags verdichtete sich die Luft zu einem zähen Weiß. Ein Wind kam auf, trocken und heiß, an Feldrändern wanderten kleine Staubtrichter einzeln oder in Paaren, bis sie sich in Luft auflösten, graue Gespenster des Mittags. Ein schwacher Schatten der Mittagshexe, unter deren Zauber früher, vor der Zeit der endlosen Mais-, Melonen- und Sonnenblumenfelder, märchenhafte Orte in der Luft schwebten, zwischen Himmel und Erde, Verheißungen, Traumstachel.

Attila schaufelte im Kinogarten das gemähte Gras zu einem großen Haufen, die Erde war braun, rissig, mit scharfen Stoppeln bedeckt. Krumm und krüpplig standen die lange nicht mehr gestutzten Pflaumenbäume in der kahlgemähten Ödnis. Der Garten hatte nun etwas von blässlicher Geschorenheit, scheu wie lang dem Licht entwöhnte Haut. Die rissige Mauer, die ihn umgab, lag bloß. Verwunschen-verwünscht, ein Ort, an dem die weitergereichten Worte von vergangener Süße an ihrer eigenen Bedeutungslosigkeit versauerten und verdorrten, zu Unkraut geworden waren, dem rasenden Unkraut dieses Bodens, rotstängelig und lanzenblättrig, das auch im Laufe dieses Sommer wiederkommen und gegen Herbst schwarze, glänzende Beeren treiben würde, die nicht einmal die Vögel wollten.

Schweiß floss Attila über Gesicht, Nacken, Schultern und Arme. Die Augen hatte er zusammengekniffen, der Schweiß hing in den Bartstoppeln, sein Gesicht war vor Anstrengung eckig wie ein Schild, mit einer großen Leere um die Augen.

Heute Abend komme ich zu dir, sagte Attila in der weißen Sonne hinter seinem Schild hervor, er schaufelte dabei weiter und ruckte den Kopf, um die Fliegen von seinem verschwitzten Nacken zu schütteln.

Ich saß auf der Veranda und wartete auf Attila, Abend war eine ungewisse Tageszeit. An Schlechtwettertagen wünschte man sich hier nach dem Mittagessen eine gute Nacht. Abend hieß: nach der Arbeit, in einem Leben von Ziegel zu Ziegel, von Hammer zu Säge und Schaufel zu Hacke, einem Leben der kleinen Messbarkeiten. Am Nachmittag zogen Wolken heran, alle Schatten lösten sich auf, die Wolken zogen davon, der Himmel wurde durchsichtig, grünblau, fern. Die hohen Mohnblumen in meinem Garten ließen alle anderen Blumen klein und unscheinbar werden. *Mákvirág*, dachte ich, und *Pipacs*, die Mohnblumen hatten aufgehört Mohnblumen zu sein, denn ich war in der Fremde der Worte angelangt, hatte darin Platz genommen, saß auf einer Bank, die keine Bank war und meine Finger strichen über ein Tuch, das kein Tuch war, ich wusste nicht, wie es hieß, nicht einmal die Farben darauf hätte ich zu bezeichnen gewusst, denn das Wort, das hier für mein dunkles Rot galt, war ein leerer Fleck. Ach, die rotweißkarierte Decke, so dachte ich früher, wenn ich die Decke entfaltete und ausbreitete und eine Vase mit Blumen darauf stellte, doch jetzt dachte ich nichts, und jeder Gedanke darüber, ob der Name die Dinge ins Sein ruft oder ob das Benennen und Aussprechen der Namen nur das Hineinziehen der bestehenden Dinge in die Existenz des Einzelnen ist, eine Art Bebilderung des Daseins, jeder solche Gedanke ermüdete mich, denn ich gewöhnte mich an die Un-Sprache, an die Attilasprache der beiläufigen Worte, eines Zierrats um die Sprache der Gebärden und Blicke.

Die buckligen Geschwister schlichen durch ihr Kartoffelfeld und legten die Schläuche aus, um das Feld zu wässern, die Schwester schaute zu, wie der Bruder die Pumpe betätigte. *Nachtschattengewächs* dachte ich, das war ein Wort, das mein Vater mich lehrte, an einem Winterabend, als der Mond ins Fenster des Kinderzimmers schien, und der Geruch nach Kohlenrauch und Nebel durch alle Ritzen drang, und seither erschien mir bei diesem Wort ein Tier.

Attila kam und brachte mir eine Blume mit. Sie hatte dicke fleischige Blätter und kleine orangefarbene Blüten. Wie heißt diese Blume?, fragte ich.

Ich weiß es nicht, sagte er, es ist einfach eine Blume.

Wir tranken den sauren Wein von Nachbar Todor. Der Wein war leicht und ein wenig bitter, zu beiden Seiten der Blume und der Weinflasche schwiegen wir in den heraufziehenden Abend.

Bald bekommt meine Ziege wieder Junge, sagte Attila schließlich.

Und dann?, fragte ich. Werden sie im Winter geschlachtet?

Attila zuckte mit den Schultern.

Schneidest du ihnen die Kehle durch?, fragte ich, und ich fühlte, wie ich mit der Hand eine Bewegung machte, die ich noch nie gemacht hatte, ein Vorbeiziehen der flachgestreckten Hand an meiner Kehle, bei dem ich den Kopf leicht vorreckte, eine Geste, wie ich sie in Filmen gesehen hatte, und vor vielen Jahren einmal durch die Staubwolken eines Hitzewinds, in einer Gruppe gebrechlicher Bettler am verlassenen Bahnhof von Copsa Mica in Rumänien, vor dem Hintergrund der Berge.

Nein, sagte Attila, der Schlächter kommt, *a hentes*, ein Wort, das aufdringlich an Henker denken ließ.

Im Kinogarten singt ein Vogel wie an dem Ort, aus dem ich komme, sagte Attila. Wie daheim.

Daheim, dachte ich, was für ein Wort. Ein Wort wie ein Schrank, den man auf- und zumachen kann. Ein Schrankwort, in dem das gefaltete Leben liegt. Kannst du das bitte wegfalten, sagte mein Großmutter früher beim Aufräumen und gab mir ein Tuch oder ein Hemd in die Hand.

Ich setze mich in den Schatten und höre dem Vogel zu, dann höre ich die Hunde nicht mehr, sagte Attila. Dann ist alles nur noch *in* mir. Dafür braucht man keine Worte.

Jeden Tag erwartete man ein Gewitter. Es donnerte von fern, Wolkenschatten machten den letzten Klatschmohn zwischen den kurzen Maisschwengeln der Grenzfelder matt und dumpf, die Grenzer hockten auf den zerkratzten Bänken im Warteraum des Bahnhofs und erhoben sich nur, um die Stummel ihrer Schmuggelzigaretten verdrossen draußen auf dem Schotter auszutreten. Kein Regen stellte sich ein, nur diese Wind- und Wolkenschübe, die Verdunkelung der Welt, in der die kleinen radelnden, wandernden, rollenden, trabenden Menschen, Wagen, Pferde gegen etwas ankämpften, das sich hinter den Kulissen zusammengebraut hatte und dorthin auch wieder abzog.

Im Kino wurde es finster, wenn die Wolken aufzogen. Der Wind drückte die schweren eisengerahmten Klappfenster im Seitenflur auf, fuhr über die Fotografien von Schauspielern mit ihrem fernen Lächeln, stieß in die braunen filzigen Vorhänge an den Ein- und Ausgängen des Zuschauerraums. Staubflocken, Schnipsel, Blättchen abgeplatzter Farbe tanzten über dem rötlichen Fußboden, Linoleum mit abgetretenem Ziegelmuster, über das die Battonyaer früher ihre Träume oder gar Leidenschaften aus dem Kino nach Hause geschleift hatten.

Die Leinwand war abgebaut. Die Bühne dahinter lag offen, und Attila verputzte die Stirnwand von einem hohen Gestell aus. Er strich über den Putz, bis er glatt und eben war wie ein Tuch.

Vor der Bühne standen alte Fotos aufgereiht, blau- und rotstichige Schauspielerporträts, auf denen die Männer spitzkrägige Hemden trugen, die Frauen die Haare in Locken gelegt, hochtoupiert oder unter ein breites Haarband gepresst hatten. Mit dem Finger wischte ich Staub von den Rahmen, Spinnweben von den Gesichtern. Manche kamen mir bekannt vor, sie alle sahen aus wie Zubehör einer anderen Welt, Requisiten des großen Films *Damals*, in dessen entlegenen Hintergründen die ärmellosen gepunkteten Sommerkleider meiner Mutter eine ebensolche Rolle spielten wie Zirkuswagen auf langen leeren Landstraßen, ein Fisch auf dem Küchentisch einer Moskauer Gemeinschaftswohnung, die dunklen Kähne auf einem breiten Fluss im Regen, Schallplattengeschäfte mit schweren schwarzen Kopfhörern und die Zwerge zu Füßen von Lola Montez.

Hattest du früher einen Lieblingsfilm?, fragte ich Attila, als er eine Pause machte. Er saß oben auf der Bühne auf seinem Gestell und rauchte. Die Asche fiel in einen leeren Farbeimer.

Ich mag alle Filme, die gut enden, sagte er.

Was ist ein gutes Ende?, fragte ich.

Zum Beispiel die Liebe.

Attila schnipste seinen Zigarettenstummel in den leeren Eimer.

Meine Mutter liebte traurige Filme, sagte er. Sie ging gern ins Kino. Sie kam nach Hause und erzählte die Filme, dabei lachte und weinte sie. Später wurde sie sehr krank und konnte nicht mehr sprechen. Sie hatte einen Krebs im Hals.

Er sah mich fragend an, um zu sehen, ob ich ihn verstanden hatte. Dann legte er die Hand, in der er vorher die Zigarette gehalten hatte, an seinen Hals, und drückte sie um seinen Kehlkopf.

Während der Krankheit saß sie immer am Fenster und schaute hinaus. Sie betrachtete ihre Pfauen, das waren ihre Lieblinge. Vier Pfauen, die im Hof spazierten. Wenn sie eine schöne Feder verloren, musste ich sie ihr bringen. Ich kochte ihr das Essen, und was sie nicht aß, gab ich den Pfauen. Einmal brachte ich ihr eine Honigmelone. Es war sehr heiß. Sie schüttelte den Kopf. Das ganze Zimmer roch nach der Melone. Am nächsten Tag wollte sie auch nichts essen. Mir wurde vom Geruch der Melone schlecht. Ich trug die Melone in den Hof und warf sie auf den Boden. Sie platzte auf, die Pfauen eilten herbei und fraßen das Melonenfleisch aus der Schale. Ich fuhr meine Mutter ins Krankenhaus. Die Krankenschwestern legten sie in ein Bett, sie winkte mir zu. Ich ging hinaus. Ich lief durch die Nacht und rauchte. Alles war leer, alles roch nach Melone. Als ich wieder ins Krankenhaus kam, war meine Mutter tot. Die Pfauen wurden krank. Die Federn waren stumpf und struppig. Sie hatten vom Tod meiner Mutter gefressen.

Es war ganz still im Kino. Ich formte einen Satz in meinem Kopf, den ich sagen konnte, aber ich verschwieg ihn. Mein Vater, wollte ich sagen, mein Vater starb an einem Junitag ganz allein in einem Krankenhaus in Deutschland. Ich lebte weit entfernt an einem Ort, wo es der heißeste Tag jenes Sommers war. Es war so heiß, dass der Asphalt auf den Brücken schmolz und mein Schuh darin stecken blieb.

Ich werde einen vollkommen schwarzen Rahmen um die Wand malen, dann sieht es aus wie eine Leinwand mit Vorhang, erklärte Attila mit ausgebreiteten Armen von seinem Gestell herab.

DIE MONGOLEI

Auf halbem Weg zur Grenze hinter Battonya lag der Müllplatz. ›Mongólia‹ stand auf einem blauen Pappdeckel am
Maschenzaun, Hunde an kurzen Ketten schlugen an und
zeigten die Zähne.

Die Straße dorthin führt an der Schweinezucht vorbei,
diese liegt in einer Schlamminsel, die sich nach langer Tro-
ckenheit in eine Staubinsel verwandelt, und im steten ge-
dämpften Dröhnen unsichtbarer Geräte bebt. Bis zu ihrem
frühen Tod leben die Schweine umsurrt von Motoren oder
Apparaten, die der grenzenlose Fleischhunger der Gegend
in Gang hält.

Der König der Mongolei hatte einen borstigen Schnurr-
bart. Er lebte in großer Nähe zu seinen Hunden in einem
Verschlag hinter dem Zaun. Seine Augen glänzten immer
fiebrig, und sein Atem ging schwer, er war mager und eckig
und hatte viele Namen, man nannte ihn bald Laci, bald Feri,
Zoli oder József, als wäre sein Name beliebig.

Von der Grenzstraße führte ein schmaler Weg aus großen Betonplatten zum Müllplatz. In den Spalten zwischen
den geborstenen Platten quollen Gras und Quecken hervor.
Der Weg stieß ins struppige Hinterland der Grenze, in die
brackwässrige, hitzerissige oder schneeblaue Leere, wo es
sommers Schlangen gab und schrille Vögel und immer die
Hunde der Mongolei. Hier, rings um die Mongolei, lag die
stockende Weite unter dem Knistern und Sirren der Stille,

jeden Ton trug sie scharf und flach weiter, das Bellen der Hunde, das Klirren der Kette um das Tor zum Müllplatz, das Husten des Königs, die Worte, die hier gewechselt wurden, kantige, beharrliche Lautgewächse der gestrüppigen Leere.

Der König der Mongolei hütete das große schiefe Tor zum Müllplatz. Er hatte es von seiner Bude aus stets im Blick, auch wenn er an einem Kofferradio bastelte, die kümmerlichen Reste eines Gerätes sortierte oder für die Hunde schmierige Schweinsknochen aus grauem Papier wickelte. Er zog das Tor auf, das knirschend über den Boden schleifte, manchmal erhob er einen Zoll fürs Abladen, meistens schwieg er nur und lungerte am schwankenden Torflügel, während seine Hunde die Zähne fletschten und heiser kläfften und der Gast seinen Müll ablud.

Der Müll türmte sich, der König wühlte darin und sortierte Brauchbares vom Unbrauchbaren. In der Sommerglut sah er den gelegentlichen Schwelbränden eine Weile untätig zu, bis er die Feuerwehr rief, der Gestank kroch über das Brachland, das Feuer war schnell gelöscht.

Das Unbrauchbare hatte in der Mongolei keinen Namen mehr, es wurde zum *Das da*, einem Haufen Zerfall zwischen den Hundehütten, vor dem sich das Brauchbare in Erwartung irgendeiner Zukunft türmte, Schrott, Lumpen, Holz.

Dann blieb das Tor zur Mongolei geschlossen, ›Zárva‹ stand auf einem Pappschild, zwischen Streben und Maschendraht geklemmt, dass es ›Mongólia‹ halb verdeckte. Die Hunde bellten, sie rissen an ihren Ketten, schrillten ihr immer wütenderes Gekläff in die Hitzeluft, es war Sommer, und der König ließ sich nicht blicken. Die Tür zu seiner Bude hing im Wind, der sich mittags erhob, drinnen lungerten Schatten. Die Müllgäste luden ihren Abfall erst vor dem

Tor ab, dann am Rand des rissigen Wegs, zwischen Unkraut und Schilfgras, Anhäufungen der endgültigen Nutzlosigkeit im Land der Entbehrungen. Wenn die Hunde schwiegen, war die Stille über der Weite wie ein Würgeband. Der König blieb aus, doch die Hunde bellten weiter, als ernährten sie sich von dem *Dasda*-Haufen, den der König der Mongolei ihnen bestimmt hatte.

HALTA ARANCA

Am Bahnhof von Periam warteten Reisende auf den Zug
nach Arad. Ein grauer heißer Samstag nach dem Markt war
vorbei, in der Luft um den Marktplatz hing noch der Geruch
von heißem Öl, in dem Würste gebraten und Langos geba-
cken worden waren, ein beißender Rauch, der in den Augen
brannte. Die letzten Händler packten ihr Sortiment chine-
sischer Nachthemden, Scheren und Wachstuchdecken ein.
Männer saßen in Gruppen vor den Kneipen, die Särglein
rollten über die Straßen nach Hause, hinter den trabenden
Zugpferden her, und die Kutscher und Beifahrer schauten
jedem Entgegenkommenden ins Gesicht, lachend, düster,
unverhohlen von oben herab.

Fahren wir über den großen Fluss?, fragte ein kleines
Mädchen am Bahnhof. Nein, sagte die alte Frau, die es an
der Hand hielt, wir fahren über den kleinen Fluss.

Der Zug kam an. Blau, schief saß er auf den Gleisen, die
Stufen zu den Türen so hoch, dass die Kinder hineingeho-
ben und die Alten hineingeschoben und -gezogen werden
mussten. Der Zugführer stieg aus, kommandierte, rief etwas
in die Menge, die Passagiere murrten, die meisten verzogen
sich zurück auf die Wartebänke.

Der Zug machte einen großen Bogen durch leeres
Sumpf- und Weideland, ein schmaler, hoch aufgeschütteter
Gleispfad durch die Auen zwischen dem großen und dem
kleinen Fluss, Mures und Aranca, Weiden, Weidicht, rötli-

ches Riedgras. Das Mädchen stand am Fenster und zeigte auf die Dinge, die es sah, sprach sie mit monotoner kleiner Stimme aus, Worte, an denen sie sich festhalten konnte, während die weite Welt an ihr vorüberglitt. Der Zug überquerte den kleinen Fluss und hielt in Halta Aranca, ein Schild, ein Haus, eine Straße, leeres Land mit Schafherden und den kleinen springenden Punkten der Hütehunde.

Alle mussten aussteigen. Humpelnd kam der Bahnwärter aus seinem Haus und half den Reisenden mit ihren Taschen die Stufen hinab. Er wechselte laute Worte mit dem Zugführer, hob die Hand wie zum Befehl und stieß einen bedeutungslosen Pfiff aus, als der leere Zug mit offenen schlagenden Türen sich wieder in die große Kurve durch die Schwemmwiesen Richtung Mures legte.

Das Häuflein der Angekommenen zerstreute sich. Manche zerrten Fahrräder aus dem Gebüsch hinter dem Hühnerstall des Bahnwärters, während drei Wachhunde in ihrem verriegelten Geviert scharfzähnig bellten, jeder den Kopf in eine andere Richtung gereckt.

Die alte Frau mit dem kleinen Mädchen ging die Straße hinunter, immer tiefer in diese von einem leisen Wind umstrichene schwachfarbene Menschenleere unter grauem Himmel, sie wurden immer kleiner, als saugte die Landschaft sie ein. Vielleicht war das ihre Rolle im Schauspiel dieses Landstrichs, zwei Gestalten, an denen sich irgendetwas maß, Zeit, Raum, Licht, so gingen sie von Halta Aranca Richtung Westen, verflossen in dieses ungeliebte Zwischenland, wo niemand sich so recht mit der Grenze zwischen Himmel und Erde auskannte, um dann im Auge eines Betrachters in Periam wieder langsam Gestalt anzunehmen, bis sie den Bahnhof erreichten, das kleine Mädchen seine

Frage stellte, sie in den Zug stiegen, der nach Osten fuhr, das kleine Mädchen mit den Namen der verstreuten Dinge, die alte Frau mit ihrem Schweigen diese Welt in ihren Regeln hielten, in Halta Aranca ankamen, und wieder ihren Weg nach Westen antraten.

Der Bahnwärter sah mich abseits der Gleise stehen und winkte mich herbei. Kommen Sie herein, sagte er, ich mache einen Kaffee.

Im Haus roch es nach Katzen. Junge Kätzchen spielten in den Küchenecken, Hühner pickten in den Ritzen der Bodenziegel, in einem Fenster im hinteren Teil der Küche stand ein Ausschnitt der Flusslandschaft der Aranca mit Himmel, gefiederten Weidenbäumen und büschligem Sumpfgras wie ein Gemälde.

In der Wohnstube saß die Mutter des Bahnwärters in einem Sessel. Sie hielt die Augen halb geschlossen, auf der Sessellehne hinter ihr thronte die schwarze Bahnwärterkappe ihres Sohnes. Auf einem Bett in der dunklen Tiefe des Raumes lagen verheddete Deckenwülste.

Heute Morgen war Grigore sehr krank, erklärte die alte Frau unter ihren schweren Lidern hervor.

Grigores Augen glänzten auch jetzt fiebrig, als er den Kaffee servierte, kleine Gläser mit schaumigem Kaffee, so stark, dass der Löffel darin stak.

Die alte Frau hob die Lider ein wenig, süßte ihren Kaffee, schlürfte leise und langsam.

Sieh doch nur, diese schönen Decken.

Sie wies mit der Hand auf einen Stapel bunter Decken, die gefaltet auf einem Stapel am Fenster lagen. Das trübe Licht fiel auf die hellgrünen, roten, blauen, schwarzen Streifen, die dünne Gardine blähte sich im leichten Wind darüber.

Grigore entfaltete die oberste Decke. In der Mitte der Decke verlief eine dicke Naht zwischen den unterschiedlich gestreiften Hälften, auf einem schmalen Webstuhl gewebt.

Meine Mutter ist Weberin, erklärte er. Kaufen Sie doch eine Decke. Haben Sie eine Mutter? Kaufen Sie Ihrer Mutter eine Decke!

Er sprach freundlich und liebenswürdig, ihm lag das Wohl meiner Mutter am Herzen. Seine Mutter griff mit ihrer trockenen kleinen Hand nach meinem Arm.

Ich habe diese schönen Decken gewebt, sagte sie eindringlich, dort habe ich gesessen und hinausgeschaut, in dieses Nichts von einem Land, und ich habe meine Maramureser Decken gewebt.

Ich suchte eine Decke aus.

Soll Ihre Mutter nie frieren!, rief Grigore.

Seine Mutter zog eine Pappschachtel unter dem Deckenstapel hervor.

Ich zeige dir etwas, sagte sie.

Sie leerte die Schachtel auf das Bett am Fenster, unzählige Fotos, auf der Rückseite beschriftet. Grigores Mutter hatte elf Kinder gehabt. Etliche waren inzwischen tot. Sie hielt mir eine Fotografie nach der anderen entgegen, nannte Namen. Schwarzweißbilder in weichen Grautönen, die allem eine sanfte Mattheit verliehen. Kinder mit neugeborenen Zicklein, Lämmern, Kälbern. Bräute in langen weißen Kleidern, mit Schleier, flankiert von Müttern, Schwestern, Tanten, auf unebenen Dorfstraßen, verschneite Berge im Hintergrund.

Bistriţa, sagte Grigores Mutter immer wieder, das war ihr Heimatort, Bistriţa im Norden, wo die Berge hoch waren, die Häuser geschnitzte Giebel trugen, wo die Bräute mit verschreckten dunkel-trostlosen Augen und unglücklichem

Mund ihrer Hochzeit harrten, im steifweißen Brautkleid, ein Theaterstück nach festen Vorschriften, dessen weiterer Akt unfehlbar ein Begräbnis sein würde. Die Begräbnisbilder zeigten meistens den verstorbenen Ehemann einer der vielen schönen Dorfstraßenbräute, aufgebahrt und von Blumen bedeckt im Sarg ruhend, während die dunkeläugigen ehemaligen Bräute mit offenerem Blick die Hände rangen oder sich anschickten, dem Verstorbenen ein letztes Mal das Gesicht an die Brust zu drücken, aus der unwiderruflich jedes Leben entwichen war. Auch hinter den Sargszenen türmte sich Gebirge mit schroffen Hängen, kleinen Kirchlein, Wald.

Grigores Mutter teilte die Fotos aus, wie in einem Kartenspiel, an dem allerdings ich die einzige Mitspielerin war, ohne die Regeln zu kennen. Sie nannte die Namen, den Verwandtschaftsgrad, bei Toten die Todesursache. Ana, Tochter, Hochzeit. Vladimira, Enkelin, Hochzeit. Mircea, Sohn, Krebs. Gița, Schwiegerenkel, Unfall. Kristi, Schwiegersohn, Krebs. Ghiurghiu, Sohn, Herz.

Dann eine Handvoll hochglänzender Farbfotos mit rötlich oder blau verzerrten Farben, Häuser, an denen man baute, vor malerischen Schneegipfeln, Familiengruppen vor Heiligenbildern und Fernsehapparaten, im Hindergrund breiteten sich die gleichen Decken wie Grigores Mutter sie webte, über Sessel, Betten, Sofas.

Grigore brachte kleine Kuchen aus der Küche und stellte sie neben die leeren Kaffeetassen.

Er blieb mitten im Zimmer stehen, die Hände baumelten von den Schultern, die von den ungleich langen Beinen schief wie seine Hüften geworden waren. Ein krummes Kind mit Fieberaugen, das auf einer Zufallsbühne einen Satz aufsagen sollte, den ihm werweißwer aufgetragen hatte.

Die Heimat ist weit weg, sagte er. Wir sehen die Berge nur im Traum.

Er griff nach seiner Bahnwärterkappe.

Bald kommt Ihr Zug, sagte er. Bitte machen Sie ein Foto von mir und meiner Mutter.

Ich nahm meine Tasche und die Decke. Es war schwül draußen, trüb, alles schwieg, auch die Hunde.

Da, sagte ich zu den beiden und zeigte auf einen Busch, vor dem sie sich aufstellen sollten.

Grigore hakte seine Mutter unter, sie setzten ein Lächeln auf, das nichts mehr mit ihren Gebärden und Blicken im Zimmer des Bahnwärterhäuschens zu tun hatte, sie blickten durch meinen Fotoapparat und mich hindurch auf die Berge von Bistriţa in Maramures, aus diesem fernen fremden leeren Land lächelten sie ihren Nichten und Enkeln, Kindern und Geschwistern, vielleicht auch Fremden in den lustigen Bergdörfern zu, wo gehochzeitet und begraben wurde, wo die Zicklein sprangen und bunte Decken aus den Webstühlen flossen. Von einem Augenblick zum anderen traten Grigore und seine Mutter aus ihrem halbdunklen Bahnwärterleben in ihr eigenes Bild, das ihnen eine Dauer verleihen sollte. Ich drückte auf den Auslöser und fragte mich, ob sie auch an ihren Grabstein dachten.

Der Zug!, rief Grigore gebieterisch und setzte seine Mütze auf, der Zug!

In der Ferne wurde er sichtbar, pfiff grell durch den späten Nachmittag, der blaue schwankende Zug, der aus dem hitzedunstigen Flussland kam, in großem Bogen von Periam her, und in Halta Aranca hielt, die Türen klapperten, ich stieg ein, und der Zug fuhr weiter nach Sinpetru German, wo ich die Toaka gehört hatte, und nach Arad. Ich lehnte mich aus der Tür und winkte, Grigore und seine Mutter standen unter dem Schild mit seinen kleinen Rostlöchern in den Buchstaben, zwei Schattenfiguren, die es in diesen ungewissen Streifen Horizont verschlagen hatte.

ARAD

In den Arader Gassen zwischen Mures und den holpri-
gen Straßenbahngleisen an der serbischen Kirche hing die
Nachmittagshitze klebrig und weiß. Drei alte Männer saßen
im Schatten auf der Piața Sarbeasca, unter dem verboge-
nen Schild nach Timisoara. Sie waren in ewigem Aufbruch,
klapprige Dacias hielten an der Ecke und forderten den einen oder anderen auf, einzusteigen, nach Hause zu kommen, in den Schoß einer wartenden Familie, es gab kurze
Verhandlungen, Wortwechsel, Abschiedsgebärden, die dann
aber doch immer nur den Abholern galten, auch wenn der
eine oder andere schon aufgestanden, schon halb auf dem
Weg zum Auto gewesen war, seine abgegriffene Plastiktüte in der Hand, er kehrte doch wieder zu seinen Gefährten
zurück, setzte sich hin, seufzend, wie heimgekehrt aus einer Gefahr oder von einer Reise, stellte die Plastiktüte unter
die Bank und zündete sich eine Zigarette an. Die drei alten
Männer saßen jeden Tag unter dem Schild, im Kommen
und Gehen, während die Zigeunerjungen mit einem roten
Fußball spielten und selbsterdachten Regeln folgend auf ihren Plätzen still verharrten, wenn die Straßenbahn kam und
ihr Spielfeld durchschnitt.

Ich folgte Eva durch die unebenen Gassen zum Fluss.
Die schweren hohen Holztore standen offen, Höfe lagen
im Halbschatten, Katzen schlichen, Hunde dösten, Wäsche
hing auf schiefen Leinen, Kinder schossen mit Wasserpis-

tolen, drückten sich ins Dunkel der Eingänge, Frauen und Männer zankten, lachten, feilschten um Freuden, jeder Hof ein kleines Theater, aus dem die Schauspieler den Zuschauer gleichgültig oder mit herablassendem Misstrauen zur Kenntnis nahmen.

Hier war früher das serbische Viertel, sagte Eva. Aber die Serben sind schon lange fort. Das war die einfache Welt. Um unsere Synagoge war das jüdische Viertel, um die serbische Kirche das serbische Viertel. Und drüben wohnten die Deutschen. Sie nickte die Straße hinab, wo die Hochwassermauer am Mures schon sichtbar war und die verschwimmenden Spitzen der Weidenbäume auf der anderen Seite des Flusses.

Mein Serbennachbar Todor hatte seine Geschichten von den klirrenden Wintern erzählt, wenn er auf dem Schlitten des Vaters zu den serbischen Weihnachten nach Arad fuhr, wo seine Familie mit Würsten und Schnaps wartete, der Geruch des Schweinsbluts hing noch in der kalten Luft der Höfe, wenn die fernen Gäste angeglitten kamen, über die blendende Ebene, wo die Sonne hinter den blauen Bergschatten aufging, sich die Hunde am Westrand von Arad aus dem Morgendunst zwischen den halbdörflichen Hütten und den stolzen Fabriken lösten und nach den Schlittenkufen schnappten.

Im Hof der aufgelassenen Zuckerfabrik tobten Hunde an den rostigen blauen Toren und fletschten die Zähne. Grollend warfen sie sich gegen die vibrierenden Gitter. Der Hof lag so verlassen zwischen dem etwas schiefen Schornstein und den verschlossenen Toren der Gebäude, blau und bräunlich rot, zwischen dem rissigen bröckelnden Putz, Ochsenblutrot und Habsburgergelb und das stumpfe helle

Blau des Ostens, die Nacktheit der verwitternden Ziegel. Unkraut zwischen den Pflastersteinen und einem schmalen Schienenstrang, madenweiße Knochen für die rasenden Hunde. Männer in Arbeitskleidung kamen an, schlossen das Tor auf und wieder zu, verscheuchten die Hunde mit Fußtritten und verschwanden hinter dem Schornstein in einer schmalen Gasse zwischen zwei Hallen.

Am Fluss war es still. Das Wasser floss tief, langsam, sommergrün. Die Pappeln raschelten.

Neulich traf ich eine Frau, die vorgab, ich zu sein, sagte Eva. Sie sprach mich an der Ecke meiner Straße an. Sie hatte einen großen schwarzen Hund an der Leine, genau wie ich. Wie heißen Sie?, fragte sie ganz unvermittelt. Eva Florescu, sagte ich, und die Frau sagte: Ich auch. Was arbeiten Sie? Sie fragte immer weiter, und bei jeder Antwort, die ich gab, erwiderte sie: Ich auch. Schließlich wandte sie sich zum Gehen und machte sich mit ihrem großen Hund auf zum Fluss. Seitdem sehe ich jeden Tag in den Spiegel und frage mich, ob ich so aussehe, wie diese Frau.

Ein Mädchen in einem roten Kleid radelte an uns vorbei und verschwand zwischen den Pappeln. Am Wegrand saß eine alte Frau auf einem Schemel im hellstaubigen Schatten eines Nebengebäudes der Fabrik. Sie weidete ihre Ziege an den Straßenrändern des serbischen Viertels, trug ihren kleinen Schemel bei sich und ließ sich darauf nieder, wo die Ziege bleiben wollte. Die Ziege stand auf der Treppe zu einer Tür. Die alte Frau winkte, als seien wir alte Bekannte. Meine Ziege heißt Blume, rief sie uns zu.

Die Ziege blickte verdrossen von dem Treppenpodest.

Früher war hier die Sporthalle der Universität, sagt Eva. Keiner wusste, warum sie auf dem Fabrikgelände war. Im

Herbst stank es von den Zuckerrüben, die hier auf kleinen Eisenbahnwaggons angefahren wurden. Und da unter den Pappeln drückten sich nach den Sportstunden die Verliebten herum. Im Winter war es so kalt, dass das tropfende Wasser aus den Wasserhähnen im Waschraum gefror und einen rostroten Zapfen bildete.

Einmal stand die Tür auf, und meine Ziege ging einfach hinein, sagte die alte Frau. Sie ging die Treppe hinauf und blieb vor einem großen Spiegel stehen. Da stand sie stockstill und guckte sich selbst an. Die Putzfrauen klatschten in die Hände, um sie zu verscheuchen, ki fele, schrien sie sie an, ki fele, raus mit dir! Doch sie rührte sich nicht, bis die Putzfrauen sie an den Hörnern packten und die Treppe hinunter schleiften. Seitdem sucht sie immer wieder nach der Tür. Vielleicht hat sie sich in sich selbst verliebt.

Ohne es zu wissen, sagte Eva.

Als wir zurückgingen waren die Arbeiter im Hof der Zuckerfabrik dabei, große Holzplatten auf der Innenseite der Tore anzubringen, so dass Passanten nicht mehr hineinschauen konnten. Die Hunde sprangen ihnen um die Beine, bis ein Fußtritt sie traf.

Das wird alles abgerissen!, rief die Frau mit der Ziege hinter uns her. Alles!

Als es dunkel war, aßen Eva und ich Mamaliga in einem Lokal. Alle Tische waren besetzt, große Gesellschaften ließen sich etliche Gerichte auftragen, der Wind von den Ventilatoren spielte in den Haaren der rotlippigen Mädchen an der Bar, die alle kurze schwarze Röcke trugen. Über dem Flaschenregal hinter der Theke lief ein Fernseher. Fast alle Gäste verfolgten die Geschichte im Fernsehen, die sich zwischen stark geschminkten Frauen in kurzen Röcken und jungen Männern abspielte, die große Autos besaßen. Die Schauspieler besuchten Bars und Restaurants, wo sie sich prächtige Speisen auftragen ließen, oder sie stritten sich in fein möblierten Räumen.

Ab und zu gesellte sich ein Mann zu einem Mädchen an der Bar, sie sahen eine Zeitlang zusammen fern, dann verschwanden sie.

Ich ging mit Eva durch die dunklen Straßen nach Hause. Das Tor zum Innenhof der Synagoge stand offen, Licht fiel aus der Wohnung der jungen Türhüterin, drinnen lief laut der Fernseher, der Hund lag still an der Kette. Ibi ist noch wach, sagte Eva und zeigte auf ein Fenster im zweiten Stock. Sie kann nicht schlafen. Die Nächte dort oben sind brütend heiß.

Man hörte die Straßenbahnen von der Piaţa Arenei. Vor einem kleinen Lokal gegenüber dem Tor zum Synagogenhof saßen junge Männer an weißen Plastiktischen mitten auf der Straße. Drinnen flackerte ein Spielautomat, zwei Greise tranken Schnaps aus großen Gläsern und starrten hinaus.

Das ist meine Straße, sagte Eva wie eine Fremdenführerin, als wir an ihrer Ecke anlangten. Der Club Azur war geschlossen, der kleine Geschäftsmann schlief vielleicht schon, oder er saß bei der weißen Rose in seinem Innenhof und lauschte auf die Stadt. Eva sperrte ihr Tor auf und verschwand in dem dunklen Garten. Ihr Hund bellte.

Der Mond hing halb und gelb über den leeren Fabriken am Westrand von Arad. Ein Lastwagen hielt mit laufendem Motor am Straßenrand, die Scheinwerfer weiß auf das Grabengestrüpp und eine kleine Bude mit flackernden Lichtgirlanden gerichtet, wo ein Mann Versicherungsbriefe verkaufte. Zwischen den Rädern des Lasters ein riesiger toter

Hund, die offen erstarrte Schnauze, die Zahnzacken scharf und grell im Licht meiner Scheinwerfer.

Die Schafherden schliefen, winzige Hügelländer zwischen der Straße und den langsamen Ölpumpen. Wo hörte die Nachterde auf, wo fing der Nachthimmel an? Das Werk, klein und schwärzer als Erde und Himmel, klammerte sich an diese Grenze. Im Werksblock, dem einsamen Posten zwischen Arad und Turnu mit seinen unaufhaltsam wuchernden Stall- und Schuppenauswürfen, brannte hinter einem Fenster Licht.

Bitte die Papiere, sagten die Grenzler, blaugesichtig im Licht der Grenzlampen traten sie aus ihrer Wächterbude und suchten nach einem Häkchen für den Argwohn, zu dem sie sich bestellt fühlten.

Wo sind Sie gewesen?, fragten sie.

Drüben, sagte ich. In dem anderen Land.

BATTONYA

An einem heißen windstillen Abend ging ich zu Ferenc und holte Ziegenmilch. Ferenc wohnte am südlichen Rand von Battonya, wo ein Gürtel aus hohem Schilf und Gestrüpp die letzten Häuser von riesigen Feldern trennt, im Sommer raschelt der Wind dort im Mais und in den Sonnenblumen, ein stetes Flüstern, das die Luft erfüllt. Ferenc hielt Ziegen in einem Stall, stille und schicksalsgefügige Tiere, die wenig von der Welt draußen erlebten. Am Abend melkte seine Frau die Ziegen, halbnackt stand sie vor der erhöhten Melkwanne, die Ziegen setzten gehorsam die Hufe in die Rinnen neben der Vertiefung, um sich vor dem Melken den Euter waschen zu lassen. Ferenc lud mich ein, am Tisch im Hof Platz zu nehmen, bis die Milch abgefüllt war. Es dämmerte, der Lindenduft von der Hauptstraße wehte klebrigsüß und schwer in der schwülen violetten Luft bis in den Ziegenhof. Neben dem Tisch verlief ein Weinspalier, dicke blaue Trauben aus Kunststoff waren darin befestigt, und die grünen Büschelchen der wachsenden Trauben rankten sich um diese Fremdlinge. Eine Schar kleiner schwarzer Hunde kläffte und sprang mir scharfzähnig um die Knöchel. Ferenc' schwachsinnige Tochter sammelte die Welpen in den Arm und drückte sie an ihre rosa Bluse, so drängte sie sich in eine Ecke, die schon voller Dämmer war, das Rosa ihrer Bluse leuchtete, und ihre Augen saßen ganz dunkel in dem weißen großen Gesicht. Ihr magerer Bruder mit einem schwarzen Muttermal an der Lippe und den gleichen schwarzbrandigen Augen hatte einen Schrotthaufen im hinteren Teil des Hofes erklommen, er stand da in linkischer Herrschaftlichkeit, und seine Halbwüchsigenarme zuckten, als dirigierte er die kleine Schau im elterlichen Hof, die melkende Mutter, die welpenbergende Schwester, den plaudernden Vater.

Morgen zeigen wir einen Film im Kino, sagte ich in Ferenc' Plauderfluss hinein, ganz zusammenhanglos, ich konnte seinen Reden nie folgen.

Er schwieg und sah mich an, auch seine Augen staken tiefdunkel und fremd in dem bleichen jovialen und gleichzeitig gemarterten Gesicht.

Aber da müsst ihr Reklame machen!, rief Ferenc. Reklame, Reklame und nochmals Reklame!

Die Ziegen waren gemolken. Ferenc' Frau zog sich einen Kittel über die Unterwäsche, und ihre Leibeswülste verschwanden darunter. Der Junge stürzte mit riesigen Schlenkerschritten von seinem Schrotthügel der Mutter nach in die Milchküche, wo die Milch abgefüllt und der Käse angesetzt wurde. Kurz darauf brachte er meine Flasche heraus. Das Mädchen war nur noch ein unförmiger weißlicher Fleck in der sinkenden Dunkelheit, ihr Gesicht und die aller Rosigkeit entblasste Bluse verschmolzen zu etwas Unerkennbarem, leicht Bebendem vor der Hauswand, die Welpen hatten sich ihr entwunden und kläfften mir wieder um die Füße.

Ferenc öffnete das Tor zur Straße. Der Himmel nach Süden war finster.

Innerhalb der nächsten vierundzwanzig Stunden gibt es ein riesiges Gewitter, sagte Ferenc.

Am nächsten Tag war die Luft vor Hitze grau. Die Lindenblätter hingen schlaff herab. An jedem Baum klebte ein Zettel, der den Film ankündigte. Der Nachmittag war still und leer wie jeder Samstagnachmittag in Battonya. Ein Wind erhob sich, jagte Staub, Schokoladenstaniol, Lospapiere zu kleinen wirbelnden Trichtern, die in sich zusammensackten, wenn der Wind verstrich.

Józsi hatte die Fahrradwerkstatt geschlossen, er saß im Vorführraum, umgeben von einer stillen Landschaft aus Geräteteilen. Er war der schwitzende, bloßbäuchige König der Projektoren, Objektive und Lampen, der Spulendirigent und Bilderherrscher. Auf der großen glatten Stirnwand zitterten die ersten schiefen Bilder, die Musik dröhnte, und bunte Fetzchen Leidenschaft, die den Bildern rasch entwichen waren, flatterten zwischen den Sesseln, Lampen, Wandverzierungen umher.

Draußen fuhr der Wind in den Walnussbaum. Die Sonne war ein grelles weißes Band am unteren Rand der Wolken. Vor dem geschlossenen Zeitungskiosk an der Kreuzung lehnten sich junge Männer an ihre Autos und zerhackten die Klänge aus den Autoradios mit ihren Rufen. Jemand fuhr davon, ein anderer kam an, die Frösche sangen im Schilf, der Wind bewegte die leere Kinderschaukel auf der Auwiese.

Paare glitten durch den beginnenden Abend, die süßklebrige Lindenluft, die Windstöße, den fernen Donner, die Mädchen saßen artig auf der Fahrradstange des Liebsten, so segelten sie ihren Vergnügungen entgegen. Es war noch nicht spät, aber das Gewittergewölk schluckte das Licht, und in den Kneipen brannten schon die Lampen, ihr Schein fiel auf den Schotter vor der Tür, auf die kleinen unwetternervösen Gruppen, die halb drinnen, halb draußen der Nacht auflauerten.

Der Sonnenuntergang war nur ein schmutzigbrauner Streifen am Horizont, hinter dem Bahnhof.

Das Kino war bereit. Józsi wartete in der Tür, trank ein Bier, es donnerte, der Vorhang blähte sich in heftigen Windstößen. Attila kam auf dem Fahrrad, wir standen zu dritt in dem kleinen Raum zwischen den Eingangstüren mit dem Stromkasten und dem glänzenden schwarzen, goldschimmernd beschrifteten Schild: ›Rauchen gestattet‹.

Heute hat meine Ziege zwei Junge bekommen, sagte Attila.

Ah, zu Weihnachten gibt es Ziegenbraten, sagte Józsi. Aus der Kneipe gegenüber schlug laute Musik herüber, der Wind verhedderte sich in den bunten Plastikschnüren des Kneipenvorhangs, über den Himmel zogen die Wellen fernen Wetterleuchtens.

Keiner kommt, sagte Józsi in unser kleines Dreierschweigen. Wir fangen jetzt an.

Attila und ich saßen in der ersten Reihe auf dem Balkon.

Der Film begann. Berge, Esel, Eisenbahnen und Musik.

Draußen rauschte jetzt der Regen, klatschte gegen die Fenster im Treppenhaus. Die Stirnwand des Kinos war ganz erfüllt von dem Bild, über dreihundert leere Sitze mit dem milbigen Muff dunkler Jahre flossen die bunten Schatten und weckten das Dunkel auf.

Der Donner krachte nah, der Strom fiel aus, es wurde finster, dann fing der Film wieder an, sechs, sieben, acht Mal, als wäre es ein Kampf der bunten Gestalten einer fernen Gegend, vorzuführen, was sie vorzuführen hatten, um zu guter Letzt unter den verschlafenen Gespenstern anderer Filme hier Platz nehmen und hausen zu dürfen.

Schließlich blieb es dunkel. Józsi kam mit einer Taschenlampe. Wir hören jetzt auf, sagte er.

Wir stolperten die Treppe hinunter, standen wieder an
der Tür, draußen wehte der Regen hin und her wie ein Vorhang, das Wasser sprudelte über die Straße, Schnipsel, Stöckchen, Lospapiere tanzten auf den Strudeln.

Vielleicht ist das der Film, in dem wir jetzt sein müssen,
sagte Attila. Im Regen, im Donner, im leeren Kino, wir wissen es nur nicht.

In einem Film, in dem der Film nicht läuft, sagte Józsi.

In der Kneipe gegenüber gingen die Lichter wieder an, die
Musik klirrte auf, beim nächsten Blitz und Donnerschlag war
alles wieder dunkel und stumm. Nur das verstörte Grölen der
Gäste drang durch die nassen wehenden Vorhangschnüre.

Ich fahre heim, sagte Attila und holte sein Fahrrad aus
dem Foyer. Ich muss nach meinen Zicklein sehen.

Er fuhr in den Regen und verfloss schnell mit der Finsternis.

Józsi und ich gingen in verschiedene Richtungen davon.
In meiner Tasche lag der Kinoschlüssel, ein hartes Stückchen Schalheit, das sich immer wieder bitter zwischen meine Finger verirrte, das, was von einem ungefeierten Fest
geblieben war. Die Straßenlaternen flackerten kurz auf, ich
drehte mich um, Józsi winkte aus der Ferne.

Hinter den Fenstern der Kneipe hörte ich die Musik des
Akkordeonspielers. Die Tür ging auf, ein Schwall feuchter
Wärme strömte hinaus, Biergeruch, die langen Töne der
Kreiselmelodie, das trunkene Stampfen vieler Füße, das gro-
ße Summen aus vielen Kehlen.

Zoran stand in der Tür. Komm doch herein, sagte er, du
bist ganz nass.

Heute schenke ich dir einen Schnaps, rief die Frau an der Theke, und fremde warme Hände klopften mir auf die Schultern.

Ein riesiges Gewitter!, sagte Zoran, trinken wir auf das riesige Gewitter! Er lachte schief der Kneipenwirtin zu, die mir ein kleines Glas über die Theke reichte.

Fremde Hände schoben und zogen mich in den stampfenden Kreis, legten sich um meine Hüften, rissen mich bald in die eine, bald in die andere Richtung. Manchmal schlief der Tanz unter langsam versickernden Tönen fast ein, und die Menge war schon dabei zu einem schweiß- und regenfeuchten Haufen zusammenzusacken, dann lebte sie wieder auf, wenn der Akkordeonspieler mit plötzlicher Entschlossenheit aufs Neue kräftig in die Tasten griff, kleine unvertraute Schlenker in die Melodie einflocht, die Füße Halt im veränderten Takt suchten. Irgendwann aber löste sich der Kreis, die Tanzenden stolperten erst an die Theke, dann hinaus in die dampfende Nacht, aus der das Gewitter abgezogen war, der Akkordeonspieler presste die letzten kleinen Triller hinaus, die sich zu keinem Tanz mehr eigneten, störrische schräge Seufzer und Anläufe, die sich schnell in dunkle Winkel verzogen.

Die Wirtin sammelte die Gläser und Flaschen ein, der Wirt fegte aus. Ich saß auf einem Stuhl und war schwer wie Erde und Blei, versuchte mich auf die Richtung zu besinnen, die ich draußen vor der Tür würde einschlagen müssen.

Komm, sagte der Akkordeonspieler, wir gehen.

Wir traten hinaus auf die Treppe vor der Kneipentür. Die Wirtsleute schlossen hinter uns ab. Der Himmel war schon grau, die Vögel sangen. Es roch nach Abwasser und Moder, nach verfaulten Lindenblüten, nach Schlamm, nach

Mist und Gras, und in diese ganze stinkende Nässe mischte sich ein brandiger Hauch, als hätte das Gewitter ein großes Feuer gelöscht.

Der Akkordeonspieler zeigte auf eine regennasse Bank, die vor der Kneipe stand.

Sie war blaugrün, verwittert wie der Giebel der Bahnhofsveranda.

Setz dich, sagte er, ich will dir noch eine Geschichte erzählen.

DIE LIEBE

Einmal wohnte ein Mädchen am Rande einer Ortschaft dieser Gegend. Ihr Haus sah eher aus wie ein Stall, es bestand nur aus einem schmalen Raum. Die Tür stand meistens offen und man konnte hineinschauen. Dann sah man ihr Bett, über das etliche bunte Decken gebreitet waren. Oft lag sie auf dem Bett, bei offener Tür. Dann sah man ihre nackten Beine und ihr kariertes Kleid. Sie trug immer ein kariertes Kleid und manchmal eine dunkle Strickjacke darüber. Wenn es kühl war, trug sie Socken an den Füßen. Das Kleid reichte ihr bis zu den Knien, aber wenn sie lag, rutschte es hoch. Ihre Schuhe standen ordentlich nebeneinander vor dem Bett. Manchmal gingen Männer zu ihr, sie machten die Tür hinter sich zu und kamen nach einer Weile wieder heraus. Hätte man das Mädchen beschreiben wollen, hätte man wahrscheinlich nur von ihren runden Knien, den weißen Waden und dem karierten Kleid sprechen können.

Eines Tages ging ein Mann zu ihr und setzte sich auf ihr Bett, ohne die Tür zu schließen. Jeder kannte den Mann, er war oft im Wirtshaus und verdingte sich hier und da mit kleinen Arbeiten. Er war klein und behaart, und man nannte ihn den Kurzen, weil er so klein war. Im Wirtshaus war der Kurze schweigsam, er tanzte manchmal feurig, wenn die Stimmung danach war, aber gleich darauf stand er wieder am Schanktisch und nahm sein Schnapsglas und schwieg. Doch jetzt saß er bei dem Mädchen und erzählte. Es war

238

ein Frühlingsabend, der Wind raschelte in den krüppligen kleinen Bäumen, man hörte das Mädchen lachen, während die Sonne in der Ferne unterging. Komm wieder, sagte sie, als er gehen wollte, und von da an kam der Kurze jeden Tag. Er setzte sich an das Fußende ihres Bettes, so dass er ihre Knöchel und ihre Füße verdeckte, und erzählte. Manchmal streichelte er ihr dabei die Beine, bis zum Rand des karierten Kleids und wieder zurück, immer auf und ab. Dabei hob und senkte er die Stimme, er gluckerte und raunte und lachte und brauste mit seiner Stimme und beschrieb auch mit der freien Hand Bilder in der Luft. Er erzählte ihr von allen möglichen Dingen jenseits der Ebene, die er gesehen oder von denen er gehört haben wollte. Er beschrieb alles so, wie es ihm gefiel, und das bereitete dem Mädchen große Freude.

Mit ihr ging inzwischen eine Veränderung vor. Sie lag nicht mehr bei offener Tür auf dem Bett, sondern saß auf der Bettkante oder auf einem Stuhl vor dem Haus und manchmal stand sie auch in der Tür und lehnte sich an den Rahmen. Sie hielt die Hände auf dem Rücken verschränkt und schaute hinaus in die Ebene. Oder sie kämmte ihre langen Haare, dann sah sie sehr schön aus. Ihre Haare waren rötlich und dick, und weil sie sie so oft kämmte, schwebte immer ein zartes Kränzchen einzelner Haare um ihren Kopf, die von der Reibung des Kamms elektrisch aufgeladen waren und in eine andere Richtung strebten als abwärts. Dieses Kränzchen leuchtete im Sonnenlicht. Man begann, von ihrer Schönheit zu sprechen und dem Kurzen eine gewisse Achtung entgegenzubringen, während man ihn vorher eher unbeachtet gelassen hatte.

Es wurde Sommer, und der Kurze baute ihr eine Sommerdusche hinter dem Haus, das war ein einfaches hohes

Holzgestell. Oben war ein Eimer befestigt, der mit Wasser gefüllt wurde. Das Wasser erwärmte sich in der Sonne, und an einer Schnur im Eimerrand ließ sich der Eimer neigen. Das Mädchen liebte die Sommerdusche sehr, und wenn der Kurze zu ihr kam, hörte man sie unter der Dusche lachen und plätschern. Der Kurze brachte ihr auch eine Lampe mit einem roten Schirm und ein Kofferradio. Sie stellte das Kofferradio ans Fenster, es lief den ganzen Tag. Das Mädchen hörte sich alles an, jede Musik und jeden Bericht. Die rote Lampe stand drinnen neben dem Bett und verbreitete ein gedämpftes Licht, das man abends durch das Fenster sehen konnte. Der Kurze sammelte den Unrat und allerlei Zerbrochenes aus ihrem Garten und harkte die Erde. Er pflanzte Blumen, die sehr schnell wuchsen und ihren Duft verströmten, und er baute eine Bank, auf der sie an Sommerabenden zu zweit sitzen konnten. Dort erzählte er ihr seine Geschichten. Eine Hand lag oft auf ihrem Knie, mit der anderen beschrieb er weiterhin seine Bilder in die laue Sommerluft. Das Mädchen schaute versonnen in die Ferne, wo es vielleicht all die Dinge sich wirklich ereignen und abspielen sah, von denen der Kurze ihr erzählte. Manchmal wollte der Kurze ihre Aufmerksamkeit besonders fesseln, dann stand er auf und spielte ihr eine Geschichte vor. Er verrenkte dabei den Körper auf alle erdenklichen Weisen, sprach und sang und jaulte in den verschiedensten Stimmen und Tonlagen, während das Mädchen unverwandt, manchmal allerdings auch mit einem traurigen Ausdruck auf dem Gesicht, an ihm vorüberblickte. Selbst wenn der Kurze alles sehr bunt und lebhaft und mit vielen Ausschmückungen darbot, waren die Geschichten beileibe nicht alle lustig. Die Blumen waren jetzt so hoch, dass man im Vorbeigehen nur die Gesichter der beiden zwischen den Blüten sehen konnte, und wenn es dunkel wurde, hingen die Gesichter wie zwei weiße große Flecken umrahmt von den Blumen in der Finsternis, als wären sie selbst zwei Riesenblüten einer ansonsten unsichtbaren Pflanze.

So verging der Sommer. Das ist die Liebe, sagte man zueinander, und jeder wusste, dass der Kurze und das Mädchen gemeint waren. Manchmal kamen die beiden abends ins Wirtshaus und tanzten. Sie hatten nur Augen füreinander, und ein leerer Ring der Achtung bildete sich um sie, wenn alle anderen einen Schritt zurücktraten, um ihnen beim Tanzen nur ja nicht ein Hindernis zu sein. Der Kurze hatte das Mädchen alle möglichen Tänze gelehrt, wie man sie angeblich jenseits der Ebene tanzt, und er bestellte Musik dazu beim Akkordeonspieler. Dazu stellte er sich vor diesen und summte ihm mit geschlossenen Augen und gerade herabbaumelnden Armen die Melodie vor, zu der er tanzen wollte. Das sah komisch aus, aber niemand lachte, denn die Musik, die der Akkordeonspieler dann anstimmte, war schön und bewegend. Einmal hob der Kurze nach einer Melodie die Hand und sagte in das entstandene Schweigen: Ein Hoch auf den Akkordeonspieler, denn er versteht etwas von der Liebe! Alle klatschten und lobten den Akkordeonspieler, obwohl sie die Meinung des Kurzen entweder nicht teilten oder nicht verstanden.

Es wurde Herbst, und von ferne schlich sich eine Bitterkeit ein, die fast jeder spürte, ohne dass man sagen konnte, worin sie wirklich bestand. Man suchte allerhand Worte dafür, die etwas anderes besagen sollten als dieses Bittere, aber nichts traf zu. Eines Morgens warf der Kurze die Tür des kleinen Hauses hinter sich zu und ging fort. Das Mädchen blieb zurück und stand nun meistens in der Tür. Es regnete viel, und ihr Blick konnte nicht weit schweifen. Sie kämmte sich die Haare immer noch sehr oft, aber weil die Luft so schwer von der Nässe war, stand ihr das Kränzchen widerspenstiger Haare nicht mehr um den Kopf. Es wurde kühler, und unter dem Kleid trug sie Wollstrümpfe, in denen ihre Beine sehr schwer aussahen. Viele Männer machten den Weg an ihrem Haus vorbei und riefen ihr etwas zu, aber sie gab keine Antwort. Eines Tages hörte der Regen auf, und der Winter lag in der Luft. Morgens waren die Gräser, Äste und Dächer weiß vom Raureif. An einem solchen Morgen kam ein Auto und hielt am Haus des Mädchens, das in der Tür stand. Ein junger Mann saß darin, der rief ihr zu: Steig ein! Das Mädchen zögerte, aber der Mann rief, Komm, wir fahren ans Meer! Diese Worte müssen es gewesen sein, die das Mädchen bewogen, die Haustür hinter sich zu schließen und in den hellblauen Wagen zu steigen. So verschwand sie. Nach einiger Zeit kamen Gerüchte auf, es hieß, sie treffe in einem Nachbarort Vorbereitungen für ihre Hochzeit. In diesem Winter schneite es viel. Als der Schnee geschmolzen war, fand die Hochzeit wirklich statt. Das Mädchen trug ein weißes Kleid, das um Schultern und Brust ein wenig eng war. Das Kleid war so lang, dass man von ihren Beinen nichts sah. Auf ihrem Kopf saß ein Schleier. Eine Musikkapelle spielte, und es wurde getanzt. Angeblich ging es hoch her. Die Männer johlten und pfiffen, und die Frauen lachten laut und lustig. Jemand erzählte, das Mädchen habe einen kurzen Fluchtversuch unternommen, doch in ihrem weißen Kleid fiel sie bald auf, und man brachte sie zurück. Mancher mag sich vorgestellt haben, wie sie als ein huschender weißer Fleck durch die Frühlingsnacht glitt, während die Musik in die Ferne rückte.

Der Kurze kehrte heim und sah, dass das Haus leer war. Im Wirtshaus erzählte man ihm die Geschichte von dem Auto und der Hochzeit. Der Kurze schwieg, und niemand fand ein Wort des Trostes. Was sollte man auch sagen, bekanntlich hilft kein Wort der Welt dem Liebesschmerz. Viele Wochen saß der Kurze am Fußende des Bettes bei offener Tür und schaute hinaus. Manchmal fuhr seine Hand auf und ab über die Decken, mit einer Gebärde als wären die nackten Beine des Mädchens noch dort. Als es Sommer wurde, zog er den Eimer von der Sommerdusche und wollte sich an dem Gestell aufhängen. Aber das Holz hatte im Laufe dieses Jahres sehr gelitten, und das Gestell kippte um, bevor sich die Schlinge um den Hals des Kurzen geschlossen hatte. Er unternahm keinen weiteren Versuch und verließ die Gegend. Nach einiger Zeit nahmen die Leute alles an sich, was sich verwenden ließ. Das Kofferradio, die Lampe mit dem roten Schirm, die Decken und sogar den Eimer von der Sommerdusche.

INHALT

Die Autorin bedankt sich bei der *Robert Bosch-Stiftung* für die großzügige Förderung im Rahmen des Grenzgänger-Programms.

Erste Auflage 2011

© 2011 MSB Matthes & Seitz Berlin
 Verlagsgesellschaft mbH
 Göhrener Str. 7, 10437 Berlin
 info@matthes-seitz-berlin.de
 Alle Rechte vorbehalten.

Umschlaggestaltung: Falk Nordmann, Berlin
Druck und Bindung: Friedrich Pustet, Regensburg

www.matthes-seitz-berlin.de

ISBN 978-3-88221-723-0

LITERATUR BEI MATTHES & SEITZ BERLIN

Esther Kinsky
Sommerfrische
Roman, 128 Seiten, gebunden mit Schutzumschlag
ISBN 978-3-88221-722-3

Irgendwo am Rande der Welt und doch mitten in Europa träumen Menschen von der Liebe und der Freiheit. Esther Kinsky erzählt die betörende Geschichte eines drückend heißen Sommers und einer tragisch scheiternden Liebe, dort, wo sich im Rhythmus der Jahreszeiten alles ändert und doch gleich bleibt.

»Esther Kinsky ist bislang vor allem als Übersetzerin bekannt. Nach diesem Buch muss man sagen: Auch als Schriftstellerin ist sie eine Entdeckung.«
Hans-Peter Kunisch, Süddeutsche Zeitung

»Esther Kinsky schreibt Sätze wie Gedichtzeilen. Hier sitzt kein Wort an der falschen Stelle, sie braucht keine Metaphern oder Vergleiche, um präzise zu sein, weil es für jedes Ding das richtige Wort gibt. Und Esther Kinsky gelingt es, diese Worte zu finden.«
Verena Mayer, Literaturen

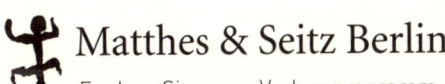 Matthes & Seitz Berlin
Fordern Sie unser Verlagsprogramm an:
Göhrener Str. 7 | 10437 Berlin | info@matthes-seitz-berlin.de

LITERATUR BEI MATTHES & SEITZ BERLIN

Esther Kinsky
die ungerührte schrift des jahrs
Gedichte, 72 Seiten, geb. mit Schutzumschlag
ISBN 978-3-88221-535-9

47 Gedichte, in denen Esther Kinsky an den Ort ihres Romans ›Sommerfrische‹ zurückkehrt. In lakonischen, knappen Versen entfaltet sich eine auratische Welt, die den Leser mit der Melancholie von Vergänglichkeit und Einsamkeit verzaubert und ihn mit der darin aufblitzenden Ahnung von Ganzheit und Vertrauen in den Sinn der Dinge beglückt.

»Scheinbar lakonisch stehen de Gedichte da, vollkommen und schön – und wechseln doch das Gewand, wenn man sie laut vorliest. Da bekommen sie einen Klang von Härte, von Zorn und von Krallen – ein schillerndes Vexierspiel, das jeder sich deuten kann.«
Sibylle Mulot, Spiegel Online

»So viel Zaubermacht hat die Sprache, denn es ist ja nur Schrift, schwarz auf weiß, wie die kahlen Zweige im Schnee, wie der Flug der Schwalben unter frostschweren Wolken – ein Wunder.«
Bettina Hartz, Frankfurter Allgemeine Sonntagszeitung

 Matthes & Seitz Berlin
Fordern Sie unser Verlagsprogramm an:
Göhrener Str. 7 | 10437 Berlin | info@matthes-seitz-berlin.de

Milada Součková
Bel Canto
*Aus dem Tschechischen und mit einem Nachwort
von Eduard Schreiber.*
Mit einem biografischen Zusatz von Kristian Suda
Roman, 320 Seiten, geb. mit Schutzumschlag
ISBN 978-3-88221-531-1

Inmitten der mondänen Welt einer Gesellschaft von Künstlern, Lebemännern und Großbürgern inszeniert sich Giulia geschickt als begabte Bel Canto-Sängerin. Obwohl ihr jedes Talent fehlt, gelingt es ihr mit großem Einsatz und nicht ohne Entbehrungen den Schein aufrecht zu erhalten. Das Karussell der Freund- und Liebschaften und ihrer Karriereschritte (und -rückschritte) dreht sich immer schneller. Součková breitet ein buntes und schillerndes Kaleidoskop an Personal aus, das zum Publikum für Giulia als Sängerin, Schauspielerin, Drehbuchautorin oder Edelgeliebte wird. Giulia scheint zu scheitern und tritt doch aus diesem Scheitern mit immer neuen Erfolgsgeschichten hervor – nicht müde, diese zu verbreiten. Der Leser muss sich hüten, Giulia zu glauben, aber darf er dem Erzähler trauen? Dieser entpuppt sich schließlich als eifersüchtiger Liebhaber …

Matthes & Seitz Berlin

Fordern Sie unser Verlagsprogramm an:
Göhrener Str. 7 | 10437 Berlin | info@matthes-seitz-berlin.de

LITERATUR BEI MATTHES & SEITZ BERLIN

Raymond Federman
Eine Liebesgeschichte oder so was
[smiles on washington square]
Mit einem bislang unveröffentlichten Gespräch
Aus dem amerikanischen Englisch von Peter Torberg
Roman, 224 Seiten, gebunden mit Schutzumschlag
ISBN 978-3-88221-682-0

Ein flüchtiges Lächeln, eine kaum wahrgenommene Begegnung in der Anonymität der großen Stadt. Das ist der Ausgangspunkt für diese wunderbar leichte und bezaubernde Liebesgeschichte zwischen dem melancholisch verzweifelten Moinous und der pragmatischen Sucette. Doch am Ende wissen wir nicht mehr, ob es Moinous überhaupt gab, oder war es doch Sucette, die es nicht gab, oder sind beide nur im Kopf des Autors, dafür umso realer und unsterblicher? Doch wie wichtig ist das überhaupt? Auf diesem Lächeln jedenfalls, so wenig reicht manchmal, wird ein Palast der Sehnsüchte und der gegenseitigen Liebe aufgebaut.

>»Raymond Federman hat in seinem zärtlichsten und zugänglichsten Roman der Liebe ein Denkmal gesetzt.«
>   Oliver Jungen, Frankfurter Allgemeine Zeitung

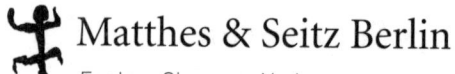 **Matthes & Seitz Berlin**

Fordern Sie unser Verlagsprogramm an:
Göhrener Str. 7 | 10437 Berlin | info@matthes-seitz-berlin.de

LITERATUR BEI MATTHES & SEITZ BERLIN

Nora Iuga
Die Sechzigjährige und der junge Mann
Aus dem Rumänischen von Eva Ruth Wemme
192 Seiten, geb. mit Schutzumschlag
ISBN 978-3-88221-532-8

»Lesevergnügen und Lesegewinn bei der fast 80-jährigen Rumänin Nora Iuga und dem Iren James Joyce sind vergleichbar, da eine intelligente Kombination aus assoziativer Freiheit, erotischer Vitalität und literarischer Ordnung zu finden ist. Wie der junge Mann werden auch die Leser des Romans von Annes Worten in Bann gehalten und verführt. So bietet der Roman viel für Herz und Hirn. Man erfährt etwas über die vielen Lebensalter und Gefühle, die in einer Frau von sechzig Jahren Platz haben, über die rumänische Vergangenheit und die Schriftstellerszene, über das Schreiben und die Poesie. Schließlich ist er eine umfassend kluge, erotische, kraftvolle Lebensfeier und, wie es Anna dem jungen Mann über formuliert: ›Eine Liebeserklärung nach allen Regeln der Kunst.‹«

Rolf-Bernhard Essig, Frankfurter Rundschau

 Matthes & Seitz Berlin
Fordern Sie unser Verlagsprogramm an:
Göhrener Str. 7 | 10437 Berlin | info@matthes-seitz-berlin.de

Michael Roes
Geschichte der Freundschaft
Roman, 320 Seiten, geb. mit Schutzumschlag
ISBN 978-3-88221-534-2

Inmitten politischer Unruhen lernt Matthias, ein deutscher Urlauber, in Algerien den jungen Kabilen Yanis kennen. Im Laufe seines Aufenthalts freunden sie sich an, bis Yanis kurz vor Matthias' Abreise bei einer politischen Demonstration verschwindet. Zurück in Deutschland, versucht Matthias ihn ausfindig zu machen – als das nicht gelingt, reist er erneut nach Algerien. Nach einer abenteuerlichen Reise durch die Wüste spürt er ihn auf, doch die einzige Möglichkeit, Yanis zu schützen, sieht er darin, ihn nach Deutschland zu bringen. In Deutschland angekommen werden sie mit einer anderen Realität konfrontiert, vor deren Hintergrund ungeahnte Konflikte aufbrechen.

»Roes gestaltet in diesem Roman Freundschaft als einen gesellschaftskritischen Gegenentwurf jenseits der Machtbeziehungen von Gott und Religion, Familie und Staat.« Claudia Kramatschek, Deutschlandradio

 **Matthes & Seitz Berlin**

Fordern Sie unser Verlagsprogramm an:
Göhrener Str. 7 | 10437 Berlin | info@matthes-seitz-berlin.de